Jakob Bosshart

Die Flexionsendungen des schweizerdeutschen Verbums

Ein Beitrag zur Grammatik der schweizerischen Mundart

Jakob Bosshart

Die Flexionsendungen des schweizerdeutschen Verbums
Ein Beitrag zur Grammatik der schweizerischen Mundart

ISBN/EAN: 9783743426269

Hergestellt in Europa, USA, Kanada, Australien, Japan

Cover: Foto ©Thomas Meinert / pixelio.de

Jakob Bosshart

Die Flexionsendungen des schweizerdeutschen Verbums

DIE FLEXIONSENDUNGEN
DES
SCHWEIZERDEUTSCHEN VERBUMS
UND
DAMIT ZUSAMMENHÄNGENDE ERSCHEINUNGEN.

INAUGURAL-DISSERTATION
ZUR
ERLANGUNG DER DOKTORWÜRDE
DER
I. SEKTION DER H. PHILOSOPHISCHEN FAKULTÄT
DER
UNIVERSITÄT ZÜRICH
VORGELEGT IM DEZEMBER 1887
VON

JAKOB BOSSHART
AUS EMBRACH (ZÜRICH).

BEGUTACHTET VON HERRN PROF. DR L. TOBLER.

FRAUENFELD
J. Hubers Buchdruckerei
1888.

MEINEN VEREHRTEN LEHRERN

DEN

HERREN PROFESSOREN

Dr. H. Schweizer-Sidler

UND

Dr. L. Tobler

IN DANKBARKEIT GEWIDMET.

Erklärung einiger abkürzungen.

E. H. Etter Heini von Ruff ed. Kottinger, Quedlinburg 1841.
V Vorspiel zum Etter Heini ed. Kottinger.
schw. = schweizer, schweizerisch.
oschw. = ostschweizerisch.
Oschw. Ostschweiz.
wschw. westschweizerisch.
Wschw. = Westschweiz.

Die zitationen aus Boner sind der Pfeiffer'schen ausgabe entnommen: es wird immer die nummer der fabel und der vers angegeben. Für Nikl. Manuel wurde die ausgabe von Baechtold benutzt; für den Ring von Wittenweiler diejenige von Bechstein (Stuttg. lit. Ver.).

Jede sprachentwicklung ist ursprünglich individuell, geht von einem oder mehreren individuen aus, die unter den gleichen verhältnissen leben. Deshalb müssen die dialektischen unterschiede in gebirgigen, für den verkehr wenig geeigneten gegenden grösser sein, als in der ebene: je unregelmässiger die bodengestaltung ist, um so reicher wird das sprachliche leben sein. Jeder gebirgszug, jeder fluss setzt der sich von einem punkt ausbreitenden sprachentwicklung ein hindernis entgegen, dämmt sie ein und hemmt die ausgleichung. Andrerseits aber können altertümliche formen und wörter sich aus dem gleichen grunde sehr lang erhalten, so dass eine solche gegend notwendigerweise alte und neue sprachelemente aufweisen muss.

Dies bestätigt sich nun besonders für die Schweiz. Jedes tal, jede gemeinde hat ihre besondern sprachlichen eigentümlichkeiten, nicht nur im wortschatz, sondern auch in der flexion. Dadurch wird das studium des schw.-deutschen in seiner gesammtheit sehr erschwert. Wenn wir die flexionsendungen dieses dialektes darzustellen versuchten, so sind wir uns wol bewusst, dass die arbeit noch sehr der ergänzung bedarf.

Für die moderne sprache haben wir mündliche mitteilung aus begreiflichen gründen der schriftlichen vorgezogen; bei der historischen untersuchung fanden berücksichtigung: Notker, Ulrich von Zatzikoven, Boner, der Ring von Wittenweiler, die historischen volkslieder, Ruff, Nik. Manuel, die dialektproben von Dr. T. Tobler und von Stalder, die schriften J. M. Usteri's u. a.

Kurz bevor die arbeit zum druck gelangte, hat uns Herr Dr. Staub das reiche material, welches auf dem bureau des schw. idiotikons aufgespeichert ist, zur verfügung gestellt und uns ausserdem durch wertvolle mitteilungen zu grossem dank verpflichtet. Die angaben über das tosanische verdanken wir ausschliesslich seinen sammlungen.

Wir schicken dem eigentlichen thema einige bemerkungen voraus über die wichtigsten unterschiede der schw. dialekte in bezug auf den vokalismus:

1) reines *a* ist im schw. selten; dasselbe hat meistens den wert von *å* oder *ó*.
2) *ó* diphthongirt in einigen gegenden (z. b. March) zu *ou*.
3) In Uri, Unterwalden, Wallis, Freiburg, Baselstadt, im südwestl. teil von Solothurn, im östl. teil des Berner Oberlandes und in einem kleinen teil des kantons Graubünden geht gemeinschw. *ü* in *i*; *üe* in *ie* und *ö* in *e* über.
4) der *ä*-laut hat gemeinschw. den wert des franz. offenen *è* (mère); in der Zentralschweiz jedoch wird dieser laut viel breiter und offener gesprochen und in andern gegenden (z. b. im obern Thurgau) geht jedes *ä* in *e* über.

§ 1. Über den formenbestand des schw. verbums ist nur zu bemerken, dass das praet. ind. bis auf wenige reste verschwunden ist (cfr. § 16; § 40).

§ 2. Bei den endungen des schw. verbums ist zu unterscheiden, ob dieselben in unbetonter oder betonter silbe stehen, indem die laute in beiden fällen verschiedenen gesetzen und wandlungen unterliegen. Wir werden den ersten teil unserer untersuchung den unbetonten endungen widmen, den zweiten den betonten.

I. teil.
Die endungen in unbetonter silbe.

§ 3. Die flexion des praes. ind. ist bei starken und schwachen verben die nämliche. Die endung der I. sing. ist im allgemeinen das aus den ahd. volleren endungen abgeschwächte e. Diese endung kommt eigentlich nur den sw. verben der II. und III. klasse zu, während nach dem schw. auslautsgesetz alle starken verba und die sw. verba der I. klasse in dieser person der endung entbehren sollten. Bei Notker gestaltet sich das auslautsgesetz folgendermassen: 1) Auslautende vokale bleiben; nur kurzes i unterliegt der schwächung zu e und u wird zu o. 2) Alle kurzen inlautenden endsilbenvokale werden zu e, alle langen bleiben (Br. ahd. gr. § 59). Das nschw. verfährt radikaler: 1) Auslautender, in unbetonter silbe stehender, kurzer vokal fällt; auslautender langer vokal wird um eine mora gekürzt, dabei wird 1 zu i, während die übrigen zu e geschwächt werden. 2) Das Notker'sche inlautende kurze e der endsilben bleibt; lange vokale in gleicher stellung werden um eine mora gekürzt, 1 wird hiebei wiederum zu i, die übrigen zu e.

Wenn sich trotzdem das ahd. u resp. o in der I. sing. als e erhalten hat, so ist dies der wirkung eines nachfolgenden n zuzuschreiben, welches nach analogie der athem. verba und der verba der II. und III. sw. konjug. angefügt wurde. Der antritt des n an vokalisch auslautende endsilben ist im allem. seit dem 12. jahrh. sehr verbreitet und wo sich in den endsilben der modernen sprache auslautende kurze vokale des ahd. (als e) erhalten haben, dürfen wir mit bestimmtheit den antritt eines n in der mhd. periode annehmen. Später musste dieses n wieder verschwinden, indem die meisten schw. mundarten auslautendes n abwerfen; kommt jedoch die endung e vor einen vokal zu stehen, so tritt das n, sowol das ursprüngliche, aus m entstandene, als auch das durch analogie angetretene, wieder zu tage: *i frage-n-alli* (ich frage alle); *i nime-n-ab* (ich nehme ab).

Anmerkung 1. Das tosanische allein macht in der I. person praes. ind. einen unterschied zwischen starken und sw. verben, indem nur die letztern die endung e(n) haben: *ich säge(n)*, aber *ich gip, nim* etc. So wird auch quimu zu *chu*, indem das *u* fiel und deshalb das m nicht mehr geschützt war wie im gemeinschw. *chume(n)*.

Anmerkung 2. In einigen Walliser dialekten hat sich nach Stalder das u der starken verba und der sw. verba I. erhalten und sich auch den übrigen sw. verben mitgeteilt, z. b. *gibu, dienu, liggu, lobu*; doch ist diese altertümlichkeit nur scheinbar, denn in den fraglichen dialekten ist jedes gemeinschw. tonlose *e* in den endsilben durch *u* vertreten; vgl. z. b. *zammu* (zusammen), *gegangu* (gegangen), *verlumput, ghäbu* (gehabt), *miessu, hietu* (müssen, hüten) etc. Wir werden deshalb im *u* der I. sing. nicht unbedingt den ursprünglichen laut erkennen, wie dies Stalder tut.

Anmerkung 3. In mehreren dialekten von Graubünden, Uri, Appenzell etc. begegnen wir in der I. sing. einem kurz abgestossenen *a*, das wie das eben besprochene *u* nicht auf einen bestimmten laut zurückgeht, sondern, wie die nachfolgenden beispiele zeigen, den unbetonten silben überhaupt gemein ist: *bêda* (dat. pl.) = ahd. bëdên, *zemma* = ahd. zisamane, *amma* = ahd. ein(e)mo, *a* = ahd. in(an) (ihn), *hana* = ahd. hanun (acc. sing.) etc. Ganz so werden wir auch das *i* aufzufassen haben, welches in einigen Walliser mundarten (z. b. Lötschenthal) in den flexions- und endsilben auftritt. Es ist in diesen dialekten gemeinschw. tonloses *e*, besonders vor liquiden und nasalen, fast regelmässig durch *i* vertreten; cfr. Stalder, dialektproben pag. 342: *ratir, sönin, gigangin, lumpin, himil, bruodir, übir* etc.

§ 4. In der II. sing. ist im allgemeinen der flexionsvokal der starken verba (i) auch bei den sw. verben II. und III. herschend geworden. Die vollständige endung lautet *ist*, gesprochen *ischt*; in den Berner dialekten *isch*. Obgleich in mehreren mundarten *s* gerne in *sch* übergeht, so wird man doch nicht annehmen wollen, dieses *isch* gehe direkt auf die ahd. endung -is zurück.

Der flexionsvokal *i* fällt aus, wenn dadurch keine für die aussprache schwierige konsonantengruppe entsteht, z. b. *nimst* resp. *nimsch, tribst, suechst, spanst*, aber *öffnist, bittist, ritist*, und besonders nach s-lauten: *gâssist, schmilzist, losist* (horchst), *wachsist* etc. In vielen fällen schwankt die sprache zwischen beiden formen: *sorgist* und *sorgst, dankist* aber *denkst*, auch verhalten sich nicht alle dialekte gleich; der Churer liebt es besonders, das *i* auszustossen.

Das *i* der flexion wirkt gewöhnlich nicht umlautend auf ein *a* der stammsilbe, auch wenn dies nach den allgemeinen regeln möglich wäre, z. b. *farst* ahd. feris, *grabst* ahd. grebis, *râtist, blâsist, schlâfst* etc. Schon im ahd. finden wir fälle dieser art und es liegt nahe, diese erscheinung dem einfluss des nicht umlautfähigen pl. zuzuschreiben (Br. ahd. Gr. § 350 anm. 6). Umgekehrt zeigen verba wie *trôle, rüefe* u. a. den umlaut auch in der I. sing., im pl., im inf. und imper., was auf verba mit j-ableitung schliessen lässt.

Anmerkung. In einigen dialekten des Wallis (Leuk, Rar) tritt in der II. sing. der flexionsvokal *o* auf, z. b. *dienost* (ahd. dionôst). Diese endung, sollte sie altertümlich sein, hat sich auch verben mitgeteilt, denen sie nicht zukommt, z. b. *liggost*. Wir bemerken zum voraus, dass das *o* auch in der III. sing. auftritt.

§ 5. Die III. sing. weist die endung *et* auf, die ganz der Notker'schen form entspricht. In einigen mundarten kommt statt des *t* ein *d* vor, z. b. *lonod*, häufig nach n: *er chund* (er kommt).

Auffällig ist, dass hier im gegensatz zur II. sing. der flexionsvokal *e* auftritt. Hat man diesen unterschied dem einfluss der konsonantengruppe *st* zuzuschreiben? Unmöglich scheint dies nicht; ganz ähnlich finden wir ja auch, dass bei Notker in der II. pract. konj. sich das 1 vor st erhalten hat, während es in der I. und III. in e übergieng. Dass die gruppe st in unserm dialekt eine vorliebe für den vokal *i* hat, geht auch daraus hervor, dass die superlative immer *i* haben, die komparative dagegen *e*: *liechter, liechtist, älter, ältist* etc.

Wie in der II. person wird auch in der III. der vokal der endung ausgestossen, wenn es der wolklang erlaubt; so sagt man *nimt, fart, suecht*, aber *zeichnet, râtet*, seltener *rat't*. Bei den verben, deren stamm auf *d* ausgeht, findet zusammenziehung statt (dt = t): *find(e)t = fint*, ebenso *ret = redet, schint = schindet, chit = chidet* (ahd. quëdan).

Für den umlaut gilt das in § 4 gesagte.

Anmerkung. Die verba pura fügen gewöhnlich die ganze endung an, z. b. *i sâ-e, du sâ-ist, er sâ-et*, seltener *du sâst, er sât*. In mehreren dialekten tritt nach dem vokal des stammes ein *j* auf (cfr. § 18 anm. 2).

§ 6. In bezug auf die bildung des plurals lassen sich die schw. mundarten deutlich in zwei gruppen teilen. In der Ost- und Zentralschweiz stimmen alle personen des pl. miteinander überein, ihre endung ist *end* in Chur, *et* im Prättigau und Rheinwald, *ed* in Zürich, Thurgau, Schaffhausen, Glarus, *id* im Zürcher Freiamt, in Zug, Appenzell etc.

Es unterliegt wol keinem zweifel, dass wir es hier mit einer weiterentwicklung der Notker'schen konjugationsweise zu tun haben, wie die Churer mundart es andeutet. Notker konjugirte:

pl. I. râten
II. râtent
III. râtent

Es hat also bei ihm bereits analogiebildung der II. nach der III. stattgefunden; das nschw. ist noch einen schritt weitergegangen, indem es auch der I. pl. die endung der beiden andern gab. Dieses *ent* wurde zunächst zu *end*, da ja die sprache die tendenz zeigt, *t* nach *n* teilweise an dieses zu assimiliren; diesen stand weist der Churer dialekt jetzt noch auf; die andern giengen weiter, indem sie das *n* fallen liessen. Wie sehr das vor auslautenden konsonanten steheude *n* in tonloser silbe dem ausfall ausgesetzt ist, zeigen auch andere endungen: *handlig, zitig; vierlig* etc.

Wirklich zeigt sich, dass in endsilben ahd. ent in den fraglichen mundarten zu *ed* wird. Den klarsten beweis hiefür liefern die part. praes.: ahd. hlouffantêr wird bei Notker zu louffenter, nschw. zu *lauffede (lauffede brunne)*, ebenso *schwinede mô* (schwindender, abnehmender mond; ahd. swînan). Der gleiche vorgang stellt sich dar in ahd. tugent, welches schon bei Notker vereinzelt *tuged* lautet, wie im nschw. (cfr. Braune, lesebuch pag. 62), ebenso *juged (juget), niemed* etc.

Anmerkung. Bei Ulrich von Zatzikoven (1200) und Boner (1330) ist die I. pl. noch nicht an die II. und III. augeglichen, dagegen finden wir im Ring von Wittenweiler (ca. 1450) schon ziemlich häufig die I. pl. auf *end*, z. b. pag. 6 vers 37 *wir wellend*, pag. 9 vers 2 v. u. *wir chömend* etc. In den historischen volksliedern, dann aber besonders bei Ruff treffen wir fast ausnahmslos *end* oder *ent*: V 12 *wir mögent*, V 204 *wir tröstend*, selten formen wie: *wir füren* V 206. Die letzte phase, der schwund des *n*, scheint damals noch nicht begonnen zu haben, ja, wenn wir uns auf die von Titus Tobler veröffentlichten sprachproben verlassen können, so fällt dieselbe erst in den anfang des 18. jahrh. Die 6 von Tobler herausgegebenen dialektstücke umfassen den zeitraum von 1656—1712, zeigen aber leider fast überall den einfluss der schriftsprache. Die endungen des pl. ind. lauten in den 3 ersten stücken meist *e(n)*, *et*, *e(n)*, also wie in der schriftsprache, nur einmal finden wir eine abweichung pag. 35: *so chömets* (= so kommen sie), jedenfalls gesprochen *chömez* wie heute. Diese form lässt also vermuten, dass zur zeit der abfassung dieses stückes der ausfall des *n* vorkam (1656). Dagegen treffen wir noch in stück V, 1712 abgefasst, in der regel *end* resp. *ind*, z. b. *sägind* pag. 40, *bedienind* und *abwîchind* pag. 43 u. a. In dem letzten, ebenfalls aus dem jahre 1712 stammenden stück finden wir endlich mehrere bildungen ohne *n*: pag. 59 *hâsid*, pag. 60 *werdid*, *heigid*; pag. 59 *sottid*. Freilich gehören diese formen dem konj. an, aber, wie wir weiter unten sehen werden, erleidet der konj. die gleichen wandelungen wie der ind.; wir werden deshalb annehmen dürfen, dass um 1712 auch im ind. pl. ausfall des *n* vorgekommen sei. Wenn wir in dem gleichen stücke *sägen* pag. 60, *heigen* pag. 60, *hätten* (aber daneben *hättid*) pag. 68 antreffen, so schreiben wir dies dem einfluss der schriftsprache zu.

Für die im Zürcher Freiamt, in Zug, Appenzell etc. vorkommende endung des pl. praes. ind. *id* lautet die mittelstufe *ind*, wie wir sie in stück V der Tobler'schen sprachformen öfter antreffen; vgl. oben, ferner die formen *werdind* ind. pl. III. pag. 45, *ir wüssind*, *sie müssind* pag. 46, imperative wie *werdind!* pag. 46, *sprechind!* pag. 53. Die endung selbst wird bei der behandlung des konj. zur sprache kommen.

§ 7. Während in den oschw. mundarten die analogiebildungen im pl. überhand genommen haben, zeigen die Berner, Solothurner und Oberaargauer dialekte eine andere entwicklung. Sie haben in der I. pl. *e* resp. *a* (Berner Oberland). Es liegt sehr nahe, hierin die reste der ahd. endung zu sehen.

Die II. pl. lautet meist *it*, seltener *et*. Dass dieses letztere aus ahd. et, ôt, êt hervorgegangen sein kann, wird niemand bezweifeln. Was *it* anbetrifft, so finden wir dasselbe schon im ahd. in den Monseer fragmenten.

Die III. pl. hat die endung *e* (resp. *a)*, das sich nicht regelmässig aus ahd. ent, ant, ònt, ént entwickelt haben kann, sondern vielmehr auf altes an, en, ôn etc. zurückzugehen scheint, denn auslautendes t in ähnlicher stellung, z. b. in tugent, jugent etc. hat sich in diesen dialekten in der regel erhalten. Wir werden deshalb annehmen müssen, es sei hier das gleiche eingetreten wie im späten mhd. und im nhd., es sei die III. pl. mit der I. übereinstimmend gebildet worden. In der tat bemerken wir, dass in diesen dialekten immer die III. pl. genau mit der I. übereinstimmt, auch bei den athem. verben.

So wäre also für die pluralbildungen dieser dialekte eine, wie es scheint, annehmbare erklärung gefunden. Es stellt sich aber ein grosses hindernis entgegen, wenn wir die historische entwicklung, wie sie uns in den schriftlichen denkmälern dieser gegend entgegentritt, in erwägung ziehen.

Boner, der einem der gaue angehört hat, die hier in frage kommen, bildet die I. pl. auf *en*, die II. und III. auf *ent*, weist also den Notker'schen bestand auf, z. b. 52 $_{84}$ *wir tragen*, 52 $_{47}$ *wir sullen*, 11 $_{52}$ *sehent!* 11 $_{99}$ *sie hörent, sehent* etc. Im anfang des 16. jahrh., zur zeit Nikl. Manuel's, ist der prozess weiter gediehen, auch die I. pl. ist an die beiden andern angeglichen, so dass der ganze pl. *end* resp. *ent* hat. Formen auf *en* sind ebenso selten, wie bei Ruff. Es würden also zu dieser zeit die o- und wschw. dialekte den pl. gleich gebildet haben. Wie aber ist der grosse unterschied zu erklären, der sich in der modernen sprache zwischen denselben zeigt? Ist es denkbar, dass *end (ent)* in der I. und III. pl. zu *e* wurde, in der II. dagegen zu *et* resp. *it*? *et* bietet insofern keine schwierigkeit, als in diesen dialekten ahd. ent in unbetonter silbe meist zu *et* wird, z. b. *laufete brunne, tuget, juget* etc.; der übergang von *end* zu *e* jedoch ist rätselhaft. Analogiebildung nach andern tempora können wir nicht annehmen, denn *nd (nt)* tritt bei Nikl. Manuel im pl. aller tempora in allen drei personen auf; auch das in schriftlichen werken noch erhaltene praet. ind. macht keine ausnahme, vgl. Nikl. Manuel pag. 249 vers 385 *sie truegend*, 386 *tetend*, 387 *wir warend*, 390 *sie kundend;* für die II. person vgl. pag. 3 vers 11 *ir bruchtend*, pag. 9 vers 43 *lüchtend* etc.

Sollen wir nun annehmen, die sprache sei inkonsequent vorgegangen, habe in der I. und III. person aus *end e* entwickelt, in der II. dagegen *et?* Berechtigter ist wol die annahme, die volkssprache des 16. jahrh. sei wesentlich von der schriftsprache verschieden gewesen und habe im pl. I. *lobe(n)*, II. *lobet*, III. *lobe(n)* gebildet (vgl. anm.). Die regelmässigste pluralbildung finden wir im tosanischen und in den Wallisser dialekten (Leuk, Rar): I. pl. *e, i, n, o*, je nach dialekt (cfr. § 3 anm. 2; § 4 anm.). In einigen gegenden hat sich auch das auslautende *n* erhalten, so in Rima. In der II. person kommt *et* neben *ed* vor, ersteres jedoch überwiegend. Die III. person hat im Wallis *end, und, ind;* in Rima *end;* in Pommatt wurde das *d* an das *n* assimilirt; *nn* wurde hierauf im auslaut vereinfacht, so dass die alte endung als *en* erscheint.

Anmerkung 1. Im 13. und in der ersten hälfte des 14. jahrh. hat eine grössere anzahl Wallisser die heimat verlassen, um sich im Davos und in andern tälern Graubündens anzusiedeln. Dass die bewohner dieser gegenden wschw. ursprungs sind, beweist ihre sprache und, was für uns speziell bemerkenswert ist, die flexion des verbums. Der sing. des praes. ind. hat, wie in allen dialekten, I. *e*, II. *(i)st,* III. *(e)t;* der pl. I. *e(n),* II. *et,* III. *e(n).* Wir sehen, der pl. stimmt fast genau mit dem bernerischen zusammen. Das *n* in I. und III. wird nur noch bei den ältesten leuten gehört.

Aus dieser merkwürdigen tatsache lässt sich nun mit ziemlicher gewissheit schliessen, dass schon im anfang des 14. jahrh. ein unterschied zwischen den mundarten der Wallisser und der Ostschweizer bestand, denn hätten die eingewanderten Wallisser nicht die hier in frage kommenden eigenheiten in der konjugation mitgebracht, so würden sie jetzt konjugiren wie die bewohner der benachbarten gegenden. Ja wir dürfen vielleicht noch weiter gehen und behaupten, der unterschied zwischen dem Wallisser dialekt und dem oschw. habe schon zur zeit Notker's bestanden, die Wallisser haben der analogie im pl. gar nie raum gegeben; denn wir werden es doch nicht als rein zufällig taxiren wollen, dass das Wallisser paradigma ganz mit dem allgemeinen ahd. übereinstimmt.

Das gleiche möchte auch von den Berner und Solothurner, mit einem wort, von den burgundisch-alem. dialekten gelten, und wir dürfen vielleicht die besprochenen unterschiede in den personalendungen auf die verschiedenheit der sprache der alten Alemannen und Burgunder zurückführen.

Anmerkung 2. Beim Basler dialekt hat man zwischen stadt und land zu unterscheiden. Der dialekt der landschaft stimmt in den flexionsendungen des verbums im allgemeinen mit dem von Solothurn und Bern überein, jedoch mit dem unterschied, dass ahd. et hier als *ed* erscheint. In der III. sing. tritt jedoch *t* auf, wenn der flexionsvokal elidirt wird. Die endungen für die landschaft lauten also:

sing. I. *(e)* II. *(i)sch* III. *ed, -t (lueged, hant)*
pl. I. *e* II. *ed* III. *e*

Die stadt weicht nur in der II. pl. ab, indem sie nach analogie mit I. und III. die endung *ed* durch *e* ersetzt.

§ 8. Der imperativ.

a) Das schw. hat wie das ahd. eine eigene form nur für die II. sing.; der im ahd. noch vorhandene unterschied zwischen starken und schwachen verben ist aufgehoben. Die ahd. endungen i, o, e der sw. verba waren kurz und mussten im schw. fallen (cfr. § 3). Es entbehren also starke wie schwache verba in der II. sing. imper. aller endung, während das nhd. die endung e oft auch den starken verben mitteilt, z. b. greife! schlafe! halte! etc.

Geht der stamm des verbums auf eine konsonantengruppe aus, die im auslaut nicht bestehen kann, so wird eine art stützvokal, ein *e*, angefügt; zu diesen gruppen gehören namentlich diejenigen, deren letzter konsonant einer der sonanten l, m, n ist, z. b. *rechne! lisme! schüttle!* Ausnahmen davon bilden die gruppen rm und rn, sowie geminationen obiger laute, z. b. *erbarm di! turn! schwümm! erzell!* Konsonantengruppen kons. + r können hier nicht in betracht kommen, denn im schw. werden dieselben nach dem wortaccent nicht geduldet, z. b. *fuetere* = füttern, *chlettere* = klettern u. a. Der imper. dieser verba wird meist durch eine mit tun zusammengesetzte form vertreten.

b) Die II. pl. wird in übereinstimmung mit dem ahd. dem praes. ind. entlehnt; also Zürich: *ed*; Zug: *id* (in Tobler's sprachproben pag. 53 *sprechind!* pag. 46 *werdind!*); Chur: *end*; Bern: *it, et*; Basel: *ed*; Wallis: *et, ot*; unteres Rheinthal: *ad* etc.

Anmerkung. Sehr häufig wird für die einfachen formen der II. sing. und pl. ein mit dem imper. von tun und dem inf. gebildeter imper. verwendet.

Die verba auf *ige* bilden nur den pl. selbständig, also: *tue predige, bändige,* aber: *prediged, bändiged!* Ausserdem lässt sich die regel aufstellen: einsilbige verben ziehen im allgemeinen die einfachen formen vor *(gib! nim! iss!)*, mehrsilbige schwanken oder geben den zusammengesetzten den vorzug.

§ 9. Aus praktischen gründen behandeln wir das praet. konj. vor dem praes. konj.

Das praet. konj. (konditionalis).

Bei Notker treffen wir einen deutlichen unterschied in der bildung dieses tempus bei starken und schwachen verben, der uns auch im nschw. wieder entgegentritt. Als paradigma des schwachen verbums wählen wir suochen und berücksichtigen zunächst nur das oschw.:

Notker sing. I. suohtī   pl. I. suohtīn
         II. suohtīst   II. suohtīnt
         III. suohtī   III. suohtīn

Der sing. ist fast unverändert ins schw. übergegangen. Das ī musste nach dem § 3 angeführten gesetz zu *i* gekürzt werden. Im pl. hat die analogiebildung sich geltend gemacht.

Wie wir sehen, wirkt dieselbe schon bei Notker, indem dort die endung nt dem praes. konj. oder ind. entlehnt ist. Bei Boner treffen wir im allgemeinen die Notker'schen formen wieder, z. b. *ir möchtint* 23 ₂₆, *sy möchtin* 23 ₄₆.

Später gieng die sprache einen schritt weiter, indem sie die I. und III. pl. an die II. anglich. Bei Ruff ist die analogie durchgedrungen, z. b. E. H. 362 *dass wir erlangtind;* 360 *sy wurdind;* V 329 *ir müesstind*. Im anfang des 18. jahrh. scheint die letzte veränderung, der schwund des *n*, eingetreten zu sein; im sechsten stück der Tobler'schen sprachproben lesen wir pag. 63 *wettid* (von wollen), ebenso pag. 66; ferner pag. 68 *hättid* (neben schriftdeutschem *hätten*). Freilich finden wir in stück V der sprachproben, das wie das sechste 1712 abgefasst wurde, überall *ind: hättind* pag. 47, *thätind* pag. 48, *wettind* pag. 38, aber wir wissen ja, dass die schriftlichen denkmäler nie die volkssprache genau wiedergeben.

Das *i* der endung muss im pl. wie im sing. (§ 3) kurz sein; das allgemeine paradigma des schwachen verbums gestaltet sich demnach für das oschw. folgendermassen:

sing. I. III. *suechti*
II. *suechtist*
pl. I. II. III. *suechtid*

Anmerkung. Im dialekt von Chur fällt wie im praes. ind. das *n* der endung nicht. Ausserdem tritt statt des flexionsvokales *i* ein *e* ein: *suechtend*. Diese letztere erscheinung begegnet uns auch anderwärts, so im obern Thurgau (Sulgen), wo der pl. *suechted* lautet. Zu merken ist noch, dass vor dem *t* der endung oft das ursprüngliche ô, ê in der abgeschwächten form des *e* sich erhalten hat, wenn durch den antritt des *t* an den stamm unbequeme konsonantenverbindungen entstanden wären: *salbeti, falteti* u. a. Dies gilt besonders von verben, deren stamm auf kons. + l, (r) m, n ausgeht: *rechneti, lismeti, samleti* (sammelte); *d* +· *t* wird meist zusammengezogen: *reti* = *redete, finti* = *findete* (neben *fund*), *schati* = *schadete*, zwischen zwei *t* dagegen steht meist *e: rateti* (riete).

§ 10. Das starke verbum der oschw. mundarten unterscheidet sich im praet. konj. nur im sing. von dem schwachen. Vergegenwärtigen wir uns vorerst die ahd. formen: der flexionsvokal ist î, im auslaut i. Das alemannische schwächte das i zu e, so dass sich bei Notker der sing. folgendermassen darstellt:

sing. I. III. nâme
II. nâmîst

Das e in I. und III. musste im nschw. fallen, î in der II. zu *i* gekürzt werden. Der sing. lautet demnach nschw.: I. und III. *nâm*, II. *nâmist*.

Der abfall des *e* in I. und III. findet sich schon bei Boner, z. b. 29₁₃ *naem ich din gåb, so wär verlorn mis meisters vleisch* etc. Ebenso im Ring von Wittenweiler pag. 90: *die der marchgraf von Ferrär gäb mir, ob ich bei ym wär*. Zuweilen fällt im Ring auch das *i* der II. person, eine erscheinung, die auch im nschw., besonders im Churer dialekt, nicht selten ist, z. b. *nâmst*.

Bei Ruff treffen wir den jetzigen sprachgebrauch fast ausnahmslos.

Anmerkung. Während a und o dem umlaut im konj. praet. regelmässig anheimfallen, widersteht ihm, besonders im tosanischen und in den mundarten der Nordostschweiz, das u energischer: *i hulf, wurd* neben *würd, zug* etc.

§ 11. In den wschw. dialekten wird der sing. des praet. konj. im wesentlichen gebildet wie in den oschw.:

sing. I. III. *suechti*   *nâm*
II. *suechtisch(t)*   *nâmisch*

Dagegen weicht der pl. bedeutend ab.

Im Emmenthal haben I. und III. pl. meist die endung *i*, selten *e*: *suechti (e)*, *nâmi (e)*. Die II. pl. hat immer *it*: *suechtit*, *nâmit*.

Im Berner Seeland haben I. und III. pl. *i*, welches stark nach *e* hinneigt und oft kaum von diesem zu unterscheiden ist. Die II. pl. hat ebenfalls *it*.

Der Basler dialekt hat im ganzen pl. den flexionsvokal *e:* I. *e*, II. *ed*, III. *e*. In bezug auf das *d* in der II. vgl. § 7 anm. 2.

Anmerkung. Bei Nik. Manuel finden wir bald die endung *end* bald *ind*, doch so, dass die erstere vorherscht, z. b. pag. 8 *trüegend*, pag. 19 *köntend ir*, pag. 22 *wärend*, pag. 34 *wettind*, *usleitind*, pag. 38 *redtind* etc. (Für das verhältnis dieser endungen zu den volkstümlichen vgl. pag. 11.)

In der Lötschenthaler mundart lauten die pluralendungen: *in*, *id*, *in*, welche genau mit den gemein ahd. (nicht Notker'schen) stimmen. Ähnlich im tosanischen.

§ 12. Bei einer anzahl von verben hat im jetzigen sprachgebrauch die schwache form die starke verdrängt, z. b. *ich treiti* (von tragen) unter anlehnung an *ich seiti* (von sagen); andere verben schwanken zwischen beiden formen, z. b. *ich flöch*, häufiger *ich flieti* (fliehen); bei einer grossen anzahl von verben ist das praet. konj. gar nicht mehr im gebrauch und es ist vorauszusehen, dasselbe werde mit der zeit ganz aus der sprache verschwinden und ein mit werden zusammengesetztes tempus seine stelle einnehmen, wie dies schon jetzt sehr häufig geschieht. So konnten uns aus Appenzell und Davos die fraglichen formen nicht immer mit sicherheit angegeben werden. Es ist besonders das ablautende verbum, das dem verfall sehr ausgesetzt ist. Nachdem das praet. ind. verschwunden ist, vegetirt zwar der ablaut noch im praet. konj. und im part. praet., aber die sprache zeigt jetzt schon grosse unsicherheit im gebrauch desselben; so sollten z. b. die verba der VI. klasse im praet. konj. *üe* haben, weisen aber meist das verwandte *ie* auf (und zwar nicht blos in den mundarten, welche regelmässig *ü* in *i*, *üe* in *ie* wandeln), z. b. ahd. stuonti = *stiend (stieng)*, hluodi = *lied* neben *lati* (ladete), ebenso *schlieg* neben *schlüeg*, *fier*, selten *füer* (ahd. fuori), ja sogar bildungen wie *miechti* von mögen kommen vor.

§ 13. Das praesens konjunktivi.

Auch in diesem tempus zeigt sich ein scharfer unterschied zwischen den östlichen und westlichen mundarten. In den östlichen treffen wir den flexionsvokal *i* im allgemeinen in allen personen; das allgemeine paradigma gestaltet sich also folgendermassen:

		sing. I. III.	salbi	fári
		II.	salbist	fárist
	pl. I. II. III.		salbid	fárid

Es liesse sich an eine wandelung des flexionsvokals *e* zu *i* denken, doch gehen wir vielleicht richtiger, wenn wir annehmen, diese endungen seien dem pract. konj. entlehnt. Über die ursache dieser entlehnung lässt sich vermuten, das *i* sei wegen der früher häufigeren anwendung des einfachen pract. konj. als flexionsvokal des konj. überhaupt angesehen und empfunden worden und so auch ins praes. eingedrungen. Dieser vorgang war um so mehr begründet, als man eines mittels bedurfte, um dieses tempus vom praes. ind. zu unterscheiden. Suchen wir zum beweis dieser behauptung die regelmässige gestalt des praes. konj. aus dem ahd. abzuleiten. Bei Notker lautet dasselbe:

	sing. I. III.	râte	suoche
	II.	râtést	suochést
pl.	I. III.	râten	suochén
	II.	râtént	suochént

Der sing. ergäbe rât, râtest (ist), rât, wäre also vom ind. verschieden, der pl. dagegen hätte, wie in den übrigen tempora, überall die endung *nt* angenommen, die in der modernen sprache *ed* ergeben hätte, so dass der pl. der praes. beider modi gleich lauten würde.

Diese ausbreitung der endungen des pract. konj. ist keine junge erscheinung, schon bei Ruff ist das *i* allgemein; selten kommt in I. und III. sing. *e* vor, z. b. E. II. 629 *sige*, V 1830 *ich redi*, E. H. 155 *thüegi: müegi*. Der pl. hat meist *ind: ir sigind* V 103, aber auch *end: syend* V 121. Im sing. kommen auch bildungen ohne endung vor: *erlang* E. H. 934, *bring* E. H. 935.

Anmerkung 1. Über den ausfall des *n* vgl. § 6 anm.

Anmerkung 2. Nicht in allen oschw. mundarten ist der flexionsvokal *i* herschend geworden. Diejenigen mit *e* im praet. konj. (vgl. § 9 anm. 1) haben auch hier *end* resp. *ed*, so dass der pl. aller vorhandenen tempora gleiche flexion hat. Es hat also in diesen dialekten das praes. konj. nicht nur die etymologisch richtigere endung bewahrt, sondern dieselbe auch dem praet. konj. mitgeteilt.

Anmerkung 3. Dass in den mundarten des Freiamts, der kantone Zug, Unterwalden, Appenzell und teilweise Schwyz der flexionsvokal *i* auch in den pl. des praes. ind. eingedrungen ist, haben wir schon § 6 erwähnt.

§ 14. Von den wschw. mundarten zeigen wiederum die Wallisser die regelmässigste entwicklung.

Die ahd. endungen erscheinen unter folgender gestalt:

    sing. I. *e*   II. *est*   III. *e*
    pl. I. *c*   II. *ed, et*   III. *c*

Im Lötschenthal lautet der pl. I. *in*, II. *id*, III. *in* (vgl. darüber § 3 anm. 3).

Im Berner Seeland tritt als flexionsvokal jenes stark nach *i* hinneigende *i* auf, das sich deutlich von dem entsprechenden vokal des oschw. unterscheidet:

    sing I. *i*   II. *isch*   III. *i*
    pl. I. *i*   II. *it*   III. *i*

In der Emmenthaler mundart erscheint statt dieses *i* in der I. und III. pl. meist *e*.

Die Basler mundart hat im sing. I. und III. keine endung; in der II. person *isch*. Der pl. stimmt ganz mit dem ind. praes. überein (cfr. § 7 anm. 2).

§ 15. Eine anzahl starker verben bilden den sing. des praes. konj. nicht auf die in den §§ 13 und 14 angegebene weise, indem die I. und III. person der endung entbehren, sich, mit andern worten, regelmässig aus den Notker'schen formen entwickelt haben. Die hauptsächlichsten dieser verba sind für das oschw.: *nê* (nehmen): konj. I. III. *nëm*; *gê* (geben): *gëb*; *schlá* (schlagen): *schlög*; *há* (haben): *heb*; *gå, gó* (gehen): *göng; stå, stô* (stehen): *stönd; gsé* (sehen): *gsëch*; *gschê* (geschehen): *gschëch*; *chô* (kommen): *chöm, chäm; wërde* (werden): *wërd*. (Die praet.-praes. kommen später zur sprache.)

Im wschw. ist die zahl der hieher gehörigen verben kleiner; stets ohne *i* in der I. und III. sing. kommen nur vor: geben: *gëb*; nehmen: *nëm*; gehen: *gang*; stehen: *stand (stang)*. Bei andern stehen die formen mit und ohne *i* nebeneinander. Warum bei diesen verben die analogie nicht zur wirkung kam, ist schwer zu sagen. Hat der umstand mitgewirkt, dass sie sehr häufig gebraucht werden? oder haben wir es mit einer anlehnung an das praet. konj. der resp. verben zu tun? Man vergleiche z. b.:

| konj. praes.: | *nëm* | *nëmist* | *nëm* | *nëmid* |
| konj. praet.: | *nåm* | *nåmist* | *nåm* | *nåmid* |

Verwirrung und undeutlichkeit konnte hiebei nicht eintreten, da das praet. durch die länge des stammvokals *(gåb, schlieg, gieng, gsåch, chåm* etc.) oder anderswie *(hätt)* hinlänglich vom praes. konj. abweicht. Auch vermengung mit dem praes. ind. war nicht möglich; vgl. die betr. formen im II. teil.

§ 16. Wie wir in der einleitung bemerkten, fehlt den schw. mundarten das praet. ind. Im Berner Oberland (Simmenthal) sollen zu Stalder's zeit noch einige reste desselben von haben und sein vorgekommen sein (cfr. Stalder pag. 121). Stalder führt von haben *hatti* und von sein *was* und *wase(n)* an. Wenn er glaubt, *wasen* sei altertümlicher als ahd. warun, so beruht dies natürlich auf einem irrtum; der grammatische wechsel gieng verloren und das *s* des sing. drang in den pl. ein.

Über die zeit, wann dieses tempus aus der sprache verschwand, lässt sich nichts sicheres behaupten; jedenfalls trat der verfall desselben sehr früh ein. Die schriftlichen aufzeichnungen aus dem mittelalter geben uns darüber keinen sichern aufschluss; wenn wir sogar im 16. jahrh. noch, bei Ruff und Nikl. Manuel, dieses tempus nicht selten finden, so haben wir dies dem umstand zuzuschreiben, dass die schriftsprache immer einen ältern bestand aufweist als die gesprochene sprache, und dass die schw. litteratur jener zeit sehr von der deutschen beeinflusst wurde. Hätte das praet. ind. im 16. jahrh. in der sprache des volkes noch gelebt, so wäre sehr auffallend, dass sich so wenige spuren desselben in unsere zeit hinüber gerettet haben, besonders in den konservativen gebirgskantonen.

Die endungen dieses künstlichen praet. ind. sind bei den schriftstellern des 16. jahrh. unter anlehnung an die übrigen tempora gebildet worden. Der pl. hat *ent* resp. *end;* in der I. und III. pl. findet sich hie und da schriftd. *en*. Die I. und III. sing. haben bei starken und schwachen verben gewöhnlich keine endung, z. b. Ruff V 415 *ich streit und facht*, V 476 *man sazt* etc. Die II. sing. hat *est*.

§ 17. Die endungen der praeterito-praesentia zeigen die alten eigentümlichkeiten nur noch im sing., und auch hier hat die ausgleichung platz gegriffen. Die I. und III. sing. des praes. ind. entbehren bei regelmässiger bildung der endung: *cha(n)* (ahd. kan), *dörf* (ahd. darf), *tör* (ahd. tar), *mag*, *mues* (ahd. muoz). Bei wissen tritt in der III. person nicht selten *t* an: er *weis-t*. Diese form finden wir z. b. im fünften stück der Tobler'schen sprachproben pag. 57: *er weisst*. Die konsonantengruppe *st* wird in diesem fall nicht wie *scht* gesprochen. In der II. sing. ist die ursprüngliche endung *t* durch *st* verdrängt worden, wie ja teilweise schon im ahd., z. b. *chast*, *dörfst*, *magst* etc. Bei *muest* und *weist* ist das *s* des stammes mit dem *t* der endung zu dem laute *scht* verschmolzen.

Im pl. haben die mundarten von Bosco, Pommatt und Rima die ursprünglichen endungen ziemlich rein bewahrt. In der I. pl. hat sich in Bosco das alte *u* erhalten: *u(n);* in Pommatt gieng es in *o* und in Rima in *e* über: *o(n)*, *e(n)*. Die endung der II. pl. ist entweder zu *ed* verblasst (Bosco), oder zu *t* verkürzt. In der III. pl. trat nach analogie der andern tempora ein *d* an die echte endung: *und* bezw. *end*.

Anmerkung. Wir bemerken hier beiläufig, dass das boschische dem umlaut, welcher den plural dieser verba allgemein ergriffen hat, kräftig widerstand: *muessu(n)*, *chunnu(n)*, *durfu(n)*, *mugu(n)*.

In den übrigen dialekten stimmen die endungen des pl. ganz

mit denjenigen eines regelmässigen verbums überein, z. b. *wüssed* (resp. *wüssid, wüssend, wüsse* etc.).

Im praes. konj. gehen sie wie *nê* (nehmen) vgl. § 15, bei dürfen und wissen haben jedoch die I. und III. sing. auch *i: dörfi, wüssi*. Das praet. konj. wird sw. gebildet: *wüssti, chönti, dörfti* etc., aber: *möcht*, ohne flexionsvokal, daneben: *mieg* und *miecht*. Das part. praet. dieser verba, wissen ausgenommen, ist stark, also: *chönne, dörfe, möge, müese* und *müesse*, aber *g'wüsst*.

§ 18. Die verbalnomina.

a) Der infinitiv hat das auslautende *n* meist eingebüsst, erhalten hat es sich nur noch in jenem südwestlichen winkel deutschen sprachgebietes, der sich besonders durch altertümlichkeit auszeichnet: im Lötscherthal (Wallis) hat er die endung *in: lumpin, essin*, in Rima, Berner Oberland und Davos *en: hieten* (hüten), *fressen;* in den übrigen mundarten hat sich ahd. an, ôn, ên zu dem farblosen *e* resp. *a, u* abgeschwächt.

Anmerkung 1. Bei den verba pura mit dem stammvokal a wurde ein j eingefügt, welches umlautend auf das a wirkte. Diese erscheinung begann schon in der ahd. periode (Braune, ahd. gr. § 359 anm. 3). Im schw. tritt das *j* nicht allgemein auf; so spricht man z. b. in der gegend von Bülach *sâe*, in einem teil des zürcherischen Weinlandes aber *sâje*. In Fischenthal ist das *ä* vnter dem einfluss des *j* zu *é* gesteigert worden: *séie*.

Andere hichergehörige verba sind: *mâje, trâje* (drehen), *nâje* (nähen), *wâje* (wehen), *chrâje* (krähen) u. a.

Ähnlich verhalten sich die verba, deren stamm auf *i* ausgeht, z. b. *schréi-j-e* neben *schréie*, ferner *schnéije, ghéije, verhéije* u. a. neben *schnéie* etc.; ebenso diejenigen auf *öü* und *äü*, bei denen ein altes w ausgefallen ist, z. b. *g'röü-j-e, töü-j-e, bläü-j-e, höü-j-e* (heuen) u. a.

Anmerkung 2. Der inf. kann substantivisch verwendet werden und flektirt dann wie ein subst. noutrius generis.

Der alte flektirte inf. gieng den meisten mundarten verloren oder ist doch nur spurweise überliefert: *z'tüend* (ahd. zi tuonne). Im tosanischen jedoch ist der dat. stets erhalten, z. b. *z'hän, z'sin, z'gên* etc. *n* steht auslautend für *nn* und dieses ist durch assimilation aus *nd* entstanden. Der übergang von nd zu nn ist in den tosanischen dialekten regel; das boschische widersteht dieser assimilation, z. b. *z'sind*.

Anmerkung 3. Unregelmässige infinitivbildungen, bei denen auch der stamm veränderungen erleidet, wie z. b. in *nê* (nehmen), *gê* (geben), kommen im II. teil zur sprache.

b) Das part. praes. wurde von Notker auf ent gebildet. Im mhd. wurde diese endung zu *end* und erscheint im nschw. als *end* (Chur) oder *ed* (Zürich, Thurgau, Glarus etc.). *et* in einigen oschw. gebieten und in der Wschw.: *laufendi schuld, schwinede mô, rissete bach.*

Anmerkung 4. Über den ausfall des *n* vgl. § 6 anm., ferner Paul, mhd. gr. § 84 anm. 7.

Anmerkung 5. Das part. praes. ist im verfall begriffen und lebt nur noch in einigen stehenden ausdrücken; das volk umschreibt dasselbe meistens oder ersetzt es durch ein adj. auf *ig: stinkig* (stinkend), *wüetig* (wütend), *lëbig* für *lëbed*. In einzelnen fällen wird noch ein unterschied gemacht zwischen dem part. und diesem adj., so dass beim erstern die handlung, beim letztern der zustand, die eigenschaft in den vordergrund tritt, z. b. *laufede brunne*, aber *läufige hund; bissede wind*, aber *bissige hund*.

Anmerkung 6. Das part. praes. kann wie ein adj. stark und schwach deklinirt werden.

c) Das part. praet. hat bei starken verben die endung *e* resp. *a* (Uri), *en* (Chur), *u* (Rar, Leuk), *in* (Lötschenthal), z. b. *g'schribe, g'ritta, g'laufu, g'storbin* etc.

Die schwachen verba bilden das part. praet. durch ein t-suffix mit oder ohne flexionsvokal. In bezug auf diesen letztern lässt sich die regel aufstellen: die verba der I. klasse stossen den flexionsvokal (ahd. i) aus, wenn der stammauslaut den unmittelbaren antritt des t erlaubt, z. b. *g'sezt* (ahd. gisezzit), *teckt* (ahd. gideckit > -dahtér), *g'suecht* (ahd. gisuochit), *prennt* (ahd. gibrennit); *d + t = t: g'went* (von *wende)*, doch auch *g'wendet*. Dagegen gewöhnlich *g'heftet* (ahd. giheftit), *g'leitet* (ahd. gileitit) u. a. Bei den verben der II. und III. klasse zeigt sich grössere tendenz, den flexionsvokal zu bewahren, z. b. *tienet* (ahd. gidionôt), *tanket* (ahd. gidankôt), *g'fület* (ahd. gifûlêt), *g'sorget, g'folget* u. a.; doch kommt auch hier ausfall vor, z. b. *g'ret* (ahd. giredôt). — In einigen dialekten des Wallis erscheint der flexionsvokal *o*, der nicht notwendig auf ahd. o zurück gehen muss: *verluodrot, g'munzinot, umarmot* etc.; in Leuk tritt statt dessen ein *u* ein: *verlumput*.

Anmerkuug 7. Neben dem t-suffix hat das part. praet. noch ein zweites kennzeichen: das vorgesetzte *g'*, entstanden aus altem gi (ga). *gi* finden wir neben der synkopirten form im dialekt der Lötschor; in Leuk finden wir dafür *ge-, g'*.

Dieses g' ist merklich verschieden von sonstigem anlautendem g, indem es stark gegen die tenuis hinneigt. Man vergleiche das g in *grife, grabe, gibe* mit demjenigen in *g'rechnet, g'lade, g'ësse, g'altet* (gealtet), und man wird finden, dasselbe habe in den letztern beispielen ungefähr die stärke des k im munde eines Norddeutschen, abgesehen jedoch von der aspiration, die im nhd. alle tenues ergriffen hat. Der unterschied zwischen g und g' wird durch die synkope bewirkt.

Erhalten hat sich dieses g' nur:
1) vor vokalen: *g'üebt* (geübt);
2) vor den sonoren konsonanten: a) w, j *(g'wunde, g'jagt)*, b) r, l *(g'risse, g'lachet)*, c) m, n *(g'mälet, g'nennt)*;
3) vor den spiranten: f, s (sch), ch und dem hauchlaut h, z. b. *g'falle, g'sunge, g'schwumme.*
ch ist im schw. meist stimmloser spirant. Mit dem vorgesetzten g', das, wie oben bemerkt, k-laut hat, verbindet es sich zu der dem schw. so eigentümlichen affrikata, die wir mit *kch* bezeichnen wollen, z. b. *chlage: kchlagt, chère: kchért; g* mit *h* bildet einen laut, der von dem k eines Norddeutschen kaum merklich verschieden ist: *g'hâ* (gehabt), *g'hofft* (gehofft). In der Appenzeller mundart ergibt jedoch *g + h* das gleiche resultat wie *g + ch*, d. h. *kch: kchâ = gehabt.*

g' vor explosivlauten assimilirt sich an diese:
1) *gt* wird theoretisch zu kt und dann zu tt, welches sich natürlich im anlaut nicht von dem einfachen t unterscheiden kann. Beispiele: *teilt* (geteilt), *tribe* (getrieben).
2) gd = dd gespr. t: *diene: tienet* (gedient), *türet* (gedauert).
3) gp = kp = pp gespr. p: *plâget* (geplagt).
4) gb = bb gespr. p: *prâcht* (gebracht), *prennt* (gebrannt).
5) An stelle des nhd. k finden wir im schw. (Chur ausgenommen) entweder den harten spiranten *ch* oder die affrikata *kch*. Über *g + ch* wurde schon gesprochen. *g + kch* wird theoretisch zu kkch, das sich von kch nicht unterscheiden kann: *kchleidet* (gekleidet), *kchennt* (gekannt).
6) g'g im anlaut wird gesprochen wie inlautendes oder auslautendes gg *(legge, ligge, brugg)*, hat also den wert eines nhd. k ohne aspiration: *g'gange, g'griffe.*
7) Vor z *(= ts)* und pf wird *g'* assimilirt wie vor *t* und *p*: *zeichnet, pfändet.*

Endlich sind noch einige ausnahmen von den aufgestellten regeln aufzuführen.
1) Die verba werden und kommen setzen nie g' vor, also: *chô, worde* (gekommen, geworden). Auch finden verhält sich in einigen mundarten so: *funde* (vgl. Braune § 321 anm. 1) neben häufigerem *g'funde.*

2) Die praetorito-praesentia, mit ausnahme von wissen, verschmähen das *g'* ebenfalls und haben ausserdem die eigentümlichkeit, dass sie, im gegensatz zum nhd., das part. stark bilden: *chönne, töre, selle* (gesollt), *möge, müese, törfe,* aber *g'wüsst.*

Anmerkung 8. Die entwicklung des part. mag um 1500 ihren abschluss gefunden haben. Im Ring von Wittenweiler (ca. 1450) ringen volksprache und schriftsprache noch miteinander. Das *e* der vorsilbe *ge* ist bald gesetzt, bald synkopirt, ohne dass sich darüber eine regel aufstellen liesse, und zwar nicht nur vor spiranten und sonanten *(grunnen, g'stricht, g'lauffen),* sondern auch, obwol seltener, vor explosiven *(gturniret, gteilt, gporn).* Ob in der aussprache beide laute, *g* und *t* resp. *p* gehört wurden, oder ob damals schon assimilation stattgefunden habe, lässt sich nicht entscheiden; formen wie *pracht* pag. 16, 27 u. a., *vollepracht* pag. 253, 234 sprechen für das letztere.

Bei Ruff scheint die entwicklung ihren abschluss gefunden zu haben; einzelne ausnahmen werden wol als eigentümlichkeiten der schriftsprache aufzufassen sein. Beispiele: *g'seidt* (gesagt), *g'leit* (gelegt), *ghân, zueg'füegt, gwunnen* etc. Vor explosiven: *thon* (getan) V 61, *kert* (gekehrt) V 65, *gen* (gegeben) V 87, *gangen* V 304, *abzogen* V 384, *krieget* (gekriegt) u. s. w.

Auffallend ist, dass in diesem fall für die media nicht die tenuis gesetzt wurde, doch wird man deswegen nicht annehmen wollen, *b* in *brechen* und *brochen, g* in *gat* und *gangen* sei gleich gesprochen worden; Ruff war sich dieser assimilation nicht bewusst und liess das part. und die übrigen formen mit dem gleichen laut beginnen.

§ 19. Einflüsse der endungen auf den stamm.

1) Einfluss des j. Bei den schwachen verben, deren inf. ursprünglich auf jan ausgieng und deren stamm kurz ist, tritt die wirkung des j auf den vorhergehenden vokal noch jetzt zu tage. Es folgen einige der verben, bei denen das j konsonantenverdoppelung resp. verwandelung des spiranten in die affrikata bewirkt hat: *zelle* (nhd. zählen, ahd. zellen), *schélle,* auch *schölle* (der schale berauben, schälen), *wélle* (got. valjan), *legge* (got. lagjan, ahd. lecken, leggen), *rette* (ahd. retten aus hratjan), *strekche* (strakjan), *grüetze* (ahd. gruozzen), *setze* (ahd. sezzen, got. satjan), *dekche* (ahd. decken), *ergetze* (causat. zu got. -gitan, ahd. gezzen), *netze* (got. natjan), *-letze* (got. -latjan), *schöpfe* (got. skapjan) etc. Es ist zu bemerken, dass die wirkung des j auch auf diejenigen formen übertragen wurde, deren endungen den flexionsvokal i hatten und deshalb das j nicht vor sich duldeten, z. b. *leggist, netzist* etc.

2) Der umlaut der verba *wäsche, rüefe, trôle* (rollen), *länge* (langen) u. a. lässt ebenfalls auf inf. mit jan schliessen.

3) Dass das *i* der endung in der II. und III. sing. praes. ind. keinen umlaut bewirke, wurde schon früher (§ 4) erwähnt. Auch das vom praet. konj. in das praes. konj. eingedrungene *i* der flexion verändert den stammvokal nicht: *fári, fárist, fárid*. Dagegen tritt in einer reihe von verben im pl. des praes. ind. und im praes. konj. ein umlaut auf, dessen natur noch nicht genügend aufgehellt ist. Weinhold erklärt ihn als beilaut, doch könnte er sich auch vom praes. konj. der praet.-praes. ausgebreitet haben. Die hauptsächlichsten der hieher gehörigen verba werden im II. teil besprochen werden.

4) Bei den verben *säge, träge, legge, ligge* wird im praes. ind. sing. II. und III., im praet. konj. und im part. praet. das *g* vor den endungen *st* und *t* vokalisirt. Wie v. Bahder in der zeitschr. f. d. phil. bd. 12, 885—886 nachgewiesen hat, findet dieser vorgang nur statt, wenn das g nach i resp. e und vor ursprünglichem i steht. Wenn also die II. und III. sing. von sagen *seist* und *seit* lauten, so haben wir eine ahd. form *segist, segit* vorauszusetzen, die sich in der tat vorfindet (Braune, ahd. gr. § 368 anm. 2). Das praet. konj. lautet *seiti, seitist* etc. und muss vereinzelt ahd. segiti geheissen haben, wie man aus dem wirklich belegten praet. ind.: segita schliessen darf. Das part. praet. *(gseit)* setzt ein ahd. gisegit voraus.

Das starke verbum tragen musste ahd. in der II. und III. sing. tregist und tregit haben (nschw. *treist* und *treit*). Es lautete also das praes. ind., abgesehen vom anlaut, ganz wie dasjenige von sagen, und deshalb wurde auch das ursprünglich starke praet. konj. und das part. praet. ganz an die entsprechenden formen von sagen angeglichen, also *treitist, treiti; treit* (getragen). Das starke praet. konj. *trüeg, trieg* kommt selten vor.

Die formen von leggen: *leist, leit* — *leiti* — *g'leit* sind durchaus lautgesetzlich, ebenso die praesensformen von liggen: *list, lit*; wenn wir aber im praet. konj. desselben verbums *liti* neben *lå̂g* finden, so haben wir dies als analogiebildung aufzufassen.

Anmerkung 1. Der dialekt von Pommatt widersteht der vokalisation des g in ligge(n): sing. I. *ligge*, II. *ligst*, III. *ligt*; pl. I. *ligge*,

II. *ligget*, III. *liggen*. Ebenso *ligti* etc. Im Wallis (Rar und Leuk) kommt *liggu*, *liggost*, *liggot* etc. vor.

Anmerkung 2. In den dialekten, welche regelmässig *ei* in *å* verwandeln (z. b. Appenzell) finden wir formen wie *såst, såd, låst, låd.* Einen ähnlichen vorgang wie in sagen etc. treffen wir in der II. und III. person sing. praes. ind. von geben: *gist, git.* Das *i* sollte lang sein, ist aber unter anlehnung an die I. person *(gibe)* gekürzt worden. In einigen dialekten ist die länge noch erhalten, z. b. *gést, gét* in der Appenzeller mundart. (Der übergang von i in é ist in diesem dialekt nicht auffällig.) In einem schw. lied aus der reformationszeit kommt für gibt *geit* vor. Wir tragen nach, dass aus der gleichen zeit *leit* aus ligt überliefert ist. Vgl. Schade I Nr. 3 v. 106; 20; 138; Nr. 5 v. 260; 286.

Vom verbum *chide* (ahd. quëdan) lautet die III. sing. *chit* aus chidit resp. quidit. Von *chit* aus drang der lange vokal auch in den inf. ein.

5) Die verba denken, dünken und bringen bilden das praet. konj. abweichend von den übrigen sw. verben, indem 1) der nasal mit zurücklassung von ersatzdehnung ausfällt und 2) das k resp. g vor dem t der endung in ch übergeht. Diese erscheinung ist alt und hat ihren grund darin, dass diese verben ihr praet. ohne flexionsvokal bildeten. Das part. praet. der beiden letzten verba zeigt die gleiche erscheinung: *tüecht* (neben tunkt), *prächt*, dagegen *tenkt*. Von bringen kommt die unregelmässige starke form *prunge* vor. Vom praet. konj. von dünken: *tüechti*, bildete man einen neuen inf.: *tüechte*, der das alte *tunke* in manchen gegenden fast ganz verdrängt hat.

§ 20. Veränderungen, welche die endungen im kontakt mit nachfolgenden wörtern erleiden:

1) Die auslautenden vokale.

Folgt auf das *e* der I. sing. praes. ind. ein wort, das mit einem vokale beginnt, so tritt ein *n* an das *e* an (vgl. § 3); folgen aber die enklitischen pronomina *i* (unbetonte form von *eu* = euch), *ene* (unbetonte form von *ine* = ihnen), *em (im* = ihm), *der* (dir) etc., so fällt das *e* der endung aus: *i hilf-i* (ich helfe euch), *i schrib-em, ich säg-es* (ich sage es) etc.; das gleiche tritt ein, wenn das pronomen *i* (ich) in der fragestellung nach dem verbum steht: *fär-i?* (fahre ich?).

Das auslautende *i* des konj. bleibt meist erhalten; ein *n* vor nachfolgendem vokal wird nicht eingeschoben, dagegen nimmt das *i* den laut von ij an: *er schribijalli tag* (er schreibe alle tage). Vor den enklitischen pronomina kann das *i (ij)* bleiben oder fallen: *er schribijem* oder *er schrib'em* (er schreibe ihm); das pronomen *es* (es) wird unter verlust des *e* angefügt: *er schribi's* (er schreibe es); das pronomen *i* (euch) verschmilzt mit dem *i* der endung: *i schribi* (ich schreibe euch); gewöhnlich wird aber in diesem fall das betonte pronomen gesetzt: *i schribijeu*.

Vor konsonanten bleiben *e* und *i* in der regel unverändert: *i schribe ror, i schribe brief* (ich schreibe briefe).

2. Die auslautenden konsonanten (t, d).

a) t und d bleiben vor vokalen unverändert, ebenso vor den halbvokalen w und j und vor den liquiden l und r; sie werden jedoch so gesprochen, als ob sie den anlaut des folgenden wortes bildeten: *er schrib-t'en brief* (er schreibt einen brief), *er fär-t'ruckwärts* (er fährt rückwärts), *si chönne-d'laufe* (sie können laufen).

b) t und d vor den nasalen m, n werden teilweise assimilirt. Vor dem labialen nasal (m) verwandeln sie sich in labiale und bilden dann mit demselben laute, die wir mit ^rm, ^bm bezeichnen wollen; *p* und *b* spielen in diesen verbindungen die gleiche rolle wie *p* in *pf*. Bei der aussprache dieser laute ist der ansatz für ein p oder b vorhanden; aber anstatt dass man den respirationsstrom die geschlossenen lippen sprengen lässt, öffnet man für einen moment die nase, um den nasal zu erzeugen, und fast gleichzeitig die lippen, um den folgenden vokal auszusprechen. Ein merkbarer unterschied zwischen ^pm und ^bm ist nicht vorhanden, da der ansatz für p und b der gleiche ist; wir haben zwei zeichen eingeführt, nur um den zweifachen ursprung zu bezeichnen. Beispiele: *er flie-^{p}mi* (er flieht mich), *schribe-^{b}mer!* (schreibt mir!). — Mit dem dentalen nasal bilden *t* und *d* laute, die wir mit ^tn und ^dn bezeichnen wollen; t und d haben in diesen gruppen den gleichen wert wie t in tz, z. b. *er rechne-'nŭd* (er rechnet nicht), *er tuc-'nŭt* (er tut nichts), *si schribe-'nŭd* (sie schreiben nicht). Die aussprache dieser laute ist derjenigen von *ᵉm*, *ᵇm* analog.

c) t und d vor spiranten:

1) t + f (v). t wird teilweise assimilirt, geht in die labialtenuis über und vereinigt sich mit f (v) zur affrikata pf: *er tuet-viel* wird zu *er tue-pfil*, *er gát furt* wird zu *er gá-pfurt*. d vor f (v) geht zunächst, weil vor der stimmlosen spirans stehend, in den stimmlosen dental (t) über und assimilirt sich dann zu p: *springed vór* wird zu *springe-pfór*, ebenso *schribe-pfurt* (schreibt fort) aus *schribed furt*.

2) t und d vor ch assimiliren sich an den guttural und bilden mit ihm den frikativlaut kch: *si schribe-kchli* (sie schreiben klein), *er wo-kchó = er wott chó* (er will kommen).

3) t, d vor s verbinden sich mit diesem zu z (ts) (d geht vor der stimmlosen spirans in t über): *es gá-zo* (es geht so); *si luege-súr = si luged súr*.

d, t + sch, sp. In dieser stellung verbindet sich t resp. d mit dem zischlaut zu einem laut, der nhd. durch tsch wiedergegeben wird: *er schrib-tschŏ́n* (er schreibt schön), *si chŏmme-tschó* (sie kommen schon).

4) t, d + h *er gá-thei* (er geht heim), *chŏme-dher!* (kommt her!).

d) t, d vor frikativlauten:

1) t, d + z = tz, welcher laut jedoch nicht von einfachem z unterschieden werden kann, da dieses immer = ts gesprochen wird, so dass ein t davor nicht zur geltung kommen kann: *er lauf-zue* (er läuft zu), *si springezrugg = si springed z'rugg*.

2) t, d + pf = ppf = pf: *er suech-pflanze* (er sucht pflanzen), *es sin-pfuscher* (es sind pfuscher).

3) t, d + kch. Wenn kch im anfang eines wortes vorkommt, so ist es meist durch kontraktion mehrerer konsonanten entstanden (cfr. Stalder pag. 63), z. b.

kchein = dehein. Am häufigsten entsteht es, wenn *g'* oder der bestimmte artikel vor *ch* tritt; vgl. *chlage* > *kchlagt*; *chalt* > *kchälti* (die kälte); *ü chugele* > *kchugele* (die kugel) etc. Tritt t, d vor einen solchen laut, so entsteht theoretisch kkch = kch: *er wott kchraft zeige* (er will die kraft zeigen) = *er wo-kchraft zeige*; *si lere-kchind* = *si lére d kchind* (die kinder).

e) t, d vor explosivlauten:
1) t, d + t, d = t (ohne aspiration): *er hät trunke* = *er hä-trunke*; *si sind tód* = *si sin-tód*; *si sind dá* = *si sin-tá*; *er tuet diene* = *er tue-tiene* etc.
2) t, d + gg, g = gg (gesprochen wie nhd. k in Norddeutschland, doch ohne aspiration), z. b. *er ist g'gange* = *er isch-ggange*; *er hät g'schribe* = *er hä-ggschribe*; *si sind g'färe* = *si sin-ggfäre*.
3) t, d + p, b = p: *er hät prácht* (gebracht) = *er hä-prácht*, *si sind blau* = *si sim-plau* (n geht vor p in m über), *er chunt bald* = *er chum-pald* (man beachte hier den wechsel des nasals je nach der natur des folgenden konsonanten).

Anmerkung 1. Zu den angeführten fällen von assimilation und kontraktion kommen noch komplizirtere, indem auch die vor dem t, d stehenden konsonanten in mitleidenschaft gezogen werden. Es würde zu weit führen, alle möglichen fälle zu untersuchen, doch mögen einige fälle hier platz finden: *er kennt mi* = *er ken-ᵖmi* = *er kem-ᵖmi*; *er schribt vor* = *er schrib-pfor* = *er schri-pfor* etc.

Anmerkung 2. Bei gewissen konsonantengruppen wird die kontraktion vermieden oder findet nur teilweise statt, z. b. pf-t-f: *er lupft fest* = *er lupf-pfest* oder dann regelmässig ausgesprochen. s(sch)-t-s (sp, st, sch): *er isst scho* (schon) = *er iss-tscho* oder *er issetscho*.

Anmerkung 3. Da die II. sing. des imper. keine endung hat, so erleidet der stammauslaut im kontakt mit nachfolgenden konsonanten ähnliche veränderungen wie die jetzt besprochenen, z. b. *schrib furt!* = *schri-pfurt!* u. a.

Anmerkung 4. Diese lautliche erscheinung findet sich natürlich nicht nur beim verbum oder bei der berührung zweier wörter im satze, sondern auch im wortinnern und bei zusammensetzungen, z. b. *La-ᵖme* (Lattmann), *goppel* = *gott well* (Gott wolle es), *öpis* (etwas) etc.

II. teil.

Die endungen in betonter silbe.

In betonter silbe fallen die endungen weniger dem verfall anheim als in unbetonter. Der accent setzt der zersetzung einen kräftigen widerstand entgegen; so erleidet z. b. die endung *nt* nur die veränderungen, denen auch stammhaftes *nt* im auslaut einsilbiger wörter ausgesetzt ist, dass nämlich das *t* in *d* übergeht; der ausfall des *n* dagegen tritt nicht ein. Wir werden in diesem II. teile A. die athematischen verben zu behandeln haben. B. eine gruppe von verben, deren endungen durch kontraktion zu bestandteilen der betonten silbe wurden.

A. Die athematischen verben.

§ 21. Das verbum substantivum.

1) Das praes. ind. hat in den östl. dialekten folgendes paradigma:

sing. I. *bi(n)*
II. *bist*
III. *ist, isch* (Chur)
pl. I. II. III. *sind*

Das *n* in der I. sing. fällt oder bleibt nach den früher angeführten regeln (§ 3). Der stammvokal *i* neigt sehr stark gegen *é* hin, ja in einigen mundarten, z. b. in Sulgen (Thurgau) und Schaffhausen, treffen wir statt des *i* ein deutliches *é: bé, bést, ést, sénd*. Im dialekt von Trogen tritt im pl. der vokal *ö* ein, vielleicht im anschluss an bildungen wie *tönd* (tun), *gönd* (gehen), *stönd* (stehen), *schlönd* (schlagen), *lönd* (lassen), *mönd* (mögen). Stalder führt auch *böst* an, ohne jedoch die gegend anzugeben, aus der es stammt.

Die form *sind* kommt nur der III. pl. von rechtswegen zu. Von da aus hat sie sich, übrigens schon im mhd., auch in I. und II. festgesetzt.

Das wschw. bildet das praes. folgendermassen:

sing. I. *bi(n)*   pl. *si(n)*
II. *bisch(t)*   *sit*
III. *isch(t)*   *si(n)*

Die bildungen mit *n* sind hauptsächlich in Davos zu hören. Der laut des *i* kommt demjenigen von *é* noch näher als im oschw. Die endungen des sing. geben zu keinen bemerkungen veranlassung, dagegen bedarf der pl. einer erklärung. Wenn derselbe vollkommen mit dem konj. des ahd. übereinstimmt, so darf uns dies nicht zu der annahme verleiten, er sei nun wirklich dem konj. entlehnt. Bei Boner lautet derselbe I. *sin*, II. *sit*, III. *sint*. Die I. und II. sind von sint aus neu gebildet worden, nachdem das ahd. birum, birut verloren gegangen war; dieses sint selbst wurde dann in der modernen sprache durch die I. pl. *sin* verdrängt, indem, wie wir schon früher bemerkten, die III. pl. in den wschw. dialekten immer der I. angeglichen wurde. — Die ursprünglichste pluralbildung haben das tosanische und boschische. Rima: I. *sin*, II. *sid*, III. *sind*. Die mundart von Pommatt wirft auslautendes n ab und assimilirt *nd* zu *nn* bezw. *n*, hat also in der I. *si* und in der III. *sin*; die II. hat *t* nicht zu *d* geschwächt: *sit*. Das boschische hat der I. pl. ein unorganisches *w* angefügt: *siw*. In diesem dialekt wird altes auslautendes *w* nach vokalen nicht abgeworfen, z. b. *bläw*, *gräw*, *triw*, *niw* (neu), *läw* (lau), *séw* (see), *héw* (heu), *chneiw* (knie), *siw* (schweine) etc. und es ist nicht undenkbar, dass dieses *w* durch analogie auch eigentlich vokalisch auslautenden formen angehängt wurde. Dahin würde das oben erwähnte *siw* gehören; ferner *tiew* (wir tun), *gäw* (wir geben und wir gehen), *häw* (wir haben), *läw* (wir lassen).

2) Der imper. lautet in der II. sing. *bis!* oder *bisch!* (Berner Seeland), entstanden aus ahd. wis durch anlehnung an *bisch(t)*. *bis!* erscheint mhd. ziemlich häufig und ist auch im ahd. einmal

belegt (vgl. Braune, ahd. gr. § 378 anm. 3). In Beggenried ist das *i* lang. — Die II. pl. ist meist dem ind. praes. entlehnt: *sind*, resp. *sönd, sĕnd, sit;* doch wird z. b. in St. Gallen auch der konj. verwendet. Stalder führt ausserdem *seigd, sigd* an, deren heimat wir nicht ausfindig machen konnten.

Anmerkung 1. In Davos und Baselstadt wurde vom pl. *sit!* aus ein sing. *sî!* gebildet. Im tosanischen ist *bisch* ganz durch den konj. *sîst* verdrängt worden.

3) Das praes. konj. wird in allen mundarten ziemlich auf die gleiche art gebildet.

Zürich: sing. I. *séi(g)(i)* Sulgen: *séi* Appenzell: *séi*
  II. *séigist* *séist* *séijist* etc.
  III. *séi(g)(i)* *séi* Schwyz: *sig, sigist, sig*
  pl. I. II. III. *séigid* *séied* (Chur: *séiend)*

Bern: sing. I. *sig(i)* Wallis: *sig* Davos: *si*
  II. *sigisch* *sigist* *siist*
  III. *sig(i)* *sig* *sî*
  pl. I. III. *sigi (e)* *sige* *sic*
  II. *sigit (et)* *siget* *siet*

Wir sehen, das schw. weicht bedeutend vom ahd. ab; dagegen finden wir im mhd. entsprechendes (cfr. Paul, mhd. gr. § 178). Die mundart von Davos hat im sing. I. und III. ganz den alten bestand, im pl. dagegen und in der II. sing. wurde der flexionsvokal *i* resp. *e* hinzugefügt. Der Wallisser dialekt gieng einen schritt weiter, indem er *sie* zu *sije* und dann zu *sige* werden liess. (Über den wechsel von j und g vgl. Braune, ahd. gr. § 117.) Das *g* des pl. und der II. sing. gieng durch analogie auch auf die I. und III. sing. über. Andere dialekte brachten diesen prozess zum abschluss, indem sie den flexionsvokal auch an die I. und III. sing. anfügten: *sigi*.

In den Berner dialekten wurde bei dieser entwicklung das ahd. 1 gekürzt, in den meisten oschw. mundarten gieng es in *éi* über. Im allgemeinen ist ahd. 1 unverändert ins schw. übergegangen; nur in wenigen gegenden findet regelmässig diphthongirung zu *éi* statt (z. b. Niwalden, Engelberg, Schanfigg); in andern (Basel, Zürich, Thurgau, Chur etc.) findet die diphthongirung nur in offener silbe, und auch hier nicht konsequent, statt, z. b. *fri = fréi, dri = dréi, zwi = zwéi* (zweig). *béicher = bi char* etc.; dahin gehören auch die accentuirten ableitungssilben *téi (náretéi =* dummer streich), *(e)réi* und *(e)léi,* z. b. *grübeléi, schlegeréi* (schlägerei). Dieser diphthong unterscheidet sich deutlich von dem *ei* in *zwèi* (duo), *arbèit* etc.

Ein solches *éi* liegt nun vor in *séi, séig* etc. Da *i* nur diphthongiren konnte, wenn es im wortauslaut und in betonter silbe stand, so hat dieser prozess wahrscheinlich in *si* (I. und III. sing.) seinen anfang genommen und sich hierauf den andern personen durch ausgleichung mitgeteilt. *si* und *sig* scheinen im 16. jahrh. neben einander bestanden zu haben; später bekam *si* resp. *séi* die oberhand. Das g in dem modernen *séig* könnte von *sig* entlehnt oder aus j entstanden sein *(séi-j-ist = séigist).*

Bei Ruff hat die diphthongirung des *i* noch nicht begonnen, dagegen finden wir in den Tobler'schen sprachproben aus dem jahr 1656 pag. 31 *seig*, pag. 33 *seygend.*

4) Das praet. konj. lautet oschw.: sing. I. *wâr,* II. *wârist,* III. *wâr,* pl. I. II. III. *wârid (ed, end)* gleich ahd. wâri, wârist, wâri, warint. Über die aussprache des ä vgl. vorbemerkung 4.

Im kanton Bern lautet das praet. konj.: sing. 1. III. *wâri, e,* II. *wârisch,* pl. I. III. *wâre,* II. *wârit.* Im Entlibuch hat das *â* seine länge eingebüsst: *wärri.*

Anmerkung 2. Im Berner Oberland kommen folgende formen vor:

sing. 1. III. *wâ* pl. I. III. *wâ*
       II. *wâsch*   II. *wât*

Diese kontraktion gieng wahrscheinlich vom pl. aus und wurde durch analogie dem sing. mitgeteilt. Diese vermutung gründet sich auf einige formen in Boner's Edelstein, wo wir mehrmals *wären* zu *wân* kontrahirt finden (z. b. 7_{19} im reim auf *vân*, 20_{41} im reim auf *slân*, 38_{19}: *stân*, 73_9: *kan*, 79_{27}: *plân* etc.). Wenn nun *wären* zu *wân* wurde, warum sollte *wârin* nicht zu *wân = wâ* werden können? Nach analogie von *sî — sît, gô — gôt* etc. bildete man zur I. pl. die II.: *wât* und ebenso den sing.

In mehreren Walliser mundarten begegnen wir der gleichen erscheinung (allerdings mit dem stammvokal *é);* in einigen gegenden gieng man noch weiter und fügte diesen kontrahirten formen noch die allgemeinen endungen des praet. konj. an:

sing. I. III. *wé, wéi*   pl. I. III. *wéje*
II. *wéist*   II. *wéjet*

ja wir treffen sogar auf formen wie *wéiti* etc., die noch das t-suffix der sw. verba angenommen haben.

5) Die verbalnomina:
a) Der inf. lautet meist *si* resp. *sin*. In Beggenried mit diphthongirung des i = *séi*.
b) Part. praet.: *g'si(n)*.

§ 22. Das verbum tun.

1) Das praes. ind.:

Zürich:
Chur: } sing. I. *tue(ne)* II. *tuest* III. *tuet* pl. *tüend [tiend]*
Glarus:
Sulgen: *tuo*   *tuost*   *tuot*   *tond*
Unterer Thurgau: *toa*   *toast*   *toat*   *toand*

tucne in der I. sing. wurde nach analogie der thematischen verben gebildet; vor vokalen tritt das gleiche ein, wie bei regelmässigen verben, d. h. es wird ein *n* angefügt: *i tuene-n-en brief schribe* (ich tue einen brief schreiben). Der pl. geht auf Notker'sches tuon, tuont, tuont zurück; der umlaut im pl. *üe* und *ie* (vgl. vorbemerkung 3) ist wahrscheinlich dem konj. entlehnt: Weinhold fasst ihn als beilaut auf. Im obern Thurgau (Sulgen) fehlt der umlaut; *o* tritt daselbst vor *nd* regelmässig auf, wo das zürcherische *üe* hat.

Der dialekt von Trogen (Appenzell) kennt im praes. ind. keine diphthongen; dagegen fehlt im pl. der umlaut nicht: *to(ne), tost, tod*. pl. *tönd*. In bezug auf das *d* der III. sing. ist zu bemerken, dass in diesem dialekt, wie auch in einigen andern, das flexivische *t*, wenn es unmittelbar an den stammvokal antritt, regelmässig zu *d* wird. Andere beispiele hiefür werden wir später antreffen, z. b. *gåd, schlåd*.

Für das wschw. ergibt sich folgendes paradigma:
sing. I. *due*   pl. *due* (Basel: *düeje, dien[d])*
II. *duesch*   *duet*
III. *duet*   *due*

Die endungen bedürfen keiner erklärung. Anlautendes d für t ist eine eigentümlichkeit des burgundisch-alemannischen, z. b. *dod* (tod), *danz* (tanz), *dag* (tag) etc.

2) Der imper. lautet wschw. *due! duet!* oschw. *tue! tüend!* Sulgen: *tuo! tond!* Im dialekt von Trogen lautet die II. sing. *tos!* Der ursprung dieses *s* ist dunkel; vielleicht rührt es vom enklitischen pronomen *es* her und verschmolz mit dem imper. von tun wegen der häufigen anwendung dieses ausdruckes vollständig. Indessen liesse sich auch an eine analogiebildung mit *bis* denken.

3) Das praes. konj. oschw.:

Zürich:	sing. I. *tüeg(i)*	II. *tüegist*	III. *tüeg(i)*	pl. *tüegid*
Sulgen:	*tüöi*	*tüöisch*	*tüöi*	*tüöed*
Trogen:	*töi*	*töist*	*töi*	*töid*
Chur:	*tüi*	*tüist*	*tüi*	*tüend*
Beggenried:	*tieg*	*tiegist*	*tieg*	*tiegid*

neben *tieji, tiejist* etc.

Die bildungen mit g gehen auf Notker'sches tuoe, tuoêst etc. zurück; dieses wurde zunächst zu tuoie, tuoiest (cfr. Braune, ahd. gr. § 380 anm. 2), hierauf zu tuoge, tuogest; später wurden die alten flexionsvokale durch *i* verdrängt, welches seinerseits den stammvokal umlautete. Die dialekte von Sulgen und Trogen fügen einfach an den stamm des praes. ind. die konjunktivendungen; das gleiche scheint im Churer dialekt stattzufinden; es müsste in diesem falle das *e* in *tue, tuest, tuet* als flexionsvokal und *tu-* als stammsilbe aufgefasst worden sein.

Im wschw. kommen bildungen mit und ohne *j* vor:

sing. I. III. *düeji, düe* pl. I. III. *düeje, düe*
II. *duejisch, düesch* II. *düejit, düet*

4) Im praet. konj. stimmen alle dialekte ziemlich überein:

oschw.: sing. I. *tât* wschw.: *dât(i)*
II. *tâtist* *dâtisch*
III. *tât* *dât*
pl. I. II. III. *tâtid (ed, end)* *dâte* etc.

Beide paradigmen lassen sich auf ahd. tâti, tâtist etc. zurückführen. *i* in der I. und III. sing. kommt nicht häufig vor. Über die aussprache des *â* vgl. vorbemerkung 4.

5) Der inf. lautet *due — tuen, tue, toa;* der dat. des alten flektirten inf. dieses verbums *(z'tüend)* hat sich in einigen mundarten, die diese form sonst eingebüsst haben (z. b. Schwyz), noch erhalten.

Das part. praet. lautet oschw.: *tá, tô* aus *g'tá, g'tó;* hie und da kommt *tue* vor.

Bernerisch: *tá, td* aus *g'dá, g'dd,*

§ 23. Das verbum gehen.

1) Das praes. ind.:

oschw.: sing. I. *gá, gô (gáne, góne), d, ou*   Glarus: *gä*
        II. *gást, gôst, d, ou*   *gást*
        III. *gát, d* (Trogen *gád), ô, ou*   *gát*
pl. I, II. III. *gönd* (Trogen *gônd)*   *günd*

Über *á, d, ô, ou* vgl. die vorbemerkungen.

Die formen *gáne, góne* etc., die ziemlich häufig vorkommen, sind wol durch anlehnung an die betreffende person der thematischen verben entstanden *(schribe, máne).* Die übrigen endungen bedürfen keiner erläuterung, dagegen vielleicht das *ú* der I. sing. des Glarner dialekts. Dieses *ú* findet sich auch bei den später zur sprache kommenden verben stehen, können, schlagen, lassen, fangen als *stú, chú, schlú, lú, fú;* ganz gleich lauten die infinitive. Der übergang von *á* zu *ú* durch *d, ô* hindurch ist dem einfluss des nachfolgenden *n* zuzuschreiben, muss also zu einer zeit stattgefunden haben, als das auslautende n noch nicht abgefallen war. Auch im pl. macht sich, wie wir sehen, der einfluss des nasals geltend, indem auch dort das a in u und hierauf (durch die in diesen formen häufige trübung) in *ü* übergieng *(günd, stünd, schlünd, lünd).* Die gleiche erscheinung zeigt sich in den Schaffhauser mundarten. Eine mittelstufe zwischen *a* und *ü* ist das *ō* in *gönd.* — Bei Ruff findet man regelmässig *gand;* dieses hat sich in Unterwalden noch erhalten: *gánd.* In Sulgen (Thurgau) ist *á* zu kurzem *o* geworden, ohne den umlaut zu erleiden: *gond.* Der sing. in diesem letztern dialekt lautet I. *gang,* II. *gôst,* III. *gôt. gang* ist eine neubildung vom ahd. inf. gangan.

	wschw.:	Emmenthal:	Freiburg:	Seeland:	Davos:
sing.	I.	gá	gē	gá, á, gange	gán
	II.	gésch(t), geisch(t)	gíst	gásch, á, geischt	geist
	III.	gét, geit	gét	gát, á, geit	geit
pl.	I. III.	gô (gái)	gange	gô, gange	gán
	II.	gôt (gáit)	ganget	gôt, ganget	ganget

Der diphthong *ei* in der II. und III. person kommt bekanntlich schon ahd., besonders bei Otfr., vor. In den formen mit *ê* werden wir kaum die erhaltung des ahd. vokals annehmen dürfen: *ê* und *ei* kommen in den Berner dialekten neben einander vor; *ei* repräsentirt die städtische, *ê* die bäuerische aussprache. Im freiburgischen ist das *ê* auch der I. sing. mitgeteilt worden.

Wie die formen *gange*, *ganget* im Seeländer dialekt aufzufassen seien, wurde schon angedeutet. Der pl. *gô*, *gôt* hat überall die länge bewahrt.

Der dialekt von Davos hat nur in der II. pl. eine jüngere form aufgenommen.

2) Der imper.:

oschw.: II. sing. *gang!* vom inf. gangan.
Die II. pl. ist dem ind. praes. entnommen: *gönd* resp. *gônd*, *gond*, *günd*.

wschw.: *gang! ganget!*

3) Das praes. konj. wird meist vom inf. gangan gebildet.

	oschw.:	Zürich:	Appenzell:	Glarus:	Sulgen:
sing.	I. III.	göng	gäng	gang	géng
	II.	göngist	gängist	gangist	géngist
pl.	I. II. III.	göngid	gängid	gangid	génged

Die endungen bieten nichts auffälliges.

ä und *e* in den paradigmen von Appenzell und Sulgen bezeichnen die umlaute des alten a, das erstere einen offenen, das letztere einen geschlossenen laut. Das Nidwaldische mit *gang* neben *gaji* leitet zu den wschw. dialekten hinüber.

wschw. Im Seeland haben die von gangan abgeleiteten formen die ursprünglichen, athematischen meist verdrängt, im Emmenthal dagegen herschen die letztern vor.

	Seeland:	Emmenthal:	Davos:
sing. I. III.	*gang(i) (gôji)*	*gô(i)*	*gangi*
II.	*gangisch (gôjisch)*	*gôisch*	*gangist*
pl. I. III.	*gange (gôje)*	*gôje*	*gange*
II.	*gangit (gôjit)*	*gôit*	*ganget*

Im Emmenthal hat sich zwischen dem stammvokal *ô* und dem *i* kein *j* entwickelt; die beiden vokale *ö* und *i* verbinden sich zu einem diphthong; anders ist es bei nachfolgendem *e* (I. und III. pl.).

4) Das praet. konj. wird meist regelmässig gebildet: sing. I. III. *gieng*, II. *giengisch(t)*, pl. *giengid* resp. *gienge* etc. Im obern Thurgau und im Kanton Appenzell wird er ohne reduplikationsvokal gebildet und lehnt sich an das praes. konj. an: wie man zum praes. konj. *gëb* das praet. konj. *gâb* bildete, von *nëm* — *nâm*, von *chöm* — *châm*, von *gsëch* — *gsâch* etc., so bildet man zu *geng* (resp. *gäng*) das praet. *gâng, gângist*. Im Davos begegnen wir der gleichen form, jedoch mit geschlossenem laut: *géng*.

5) Der inf. lautet *gán, gá, gá, gó, gú* je nach dialekt. Das part. praet.: *g'gange*.

§ 24. Das verbum stehen stimmt meistens mit gehen überein und scheint von diesem beeinflusst worden zu sein, wie ja häufig wörter von gleicher oder entgegengesetzter bedeutung auf einander wirken.

1) Das praes. ind.:

oschw.:	Zürich:	Glarus:	Sulgen:
sing. I.	*stá, á, ó, (ne)*	*stú*	*stand*
II.	*stást, á, ó*	*stást*	*stást*
III.	*stát, á, ó (stád)*	*stát*	*stát*
pl. I. II. III.	*stönd* (Trogen *stônd*)	*stünd*	*stond*

Wie wir bei gehen jüngere bildungen vom inf. gangan angetroffen haben, so hier solche von stantan.

wschw.:	sing. I.	*stá, á, stange*	Davos: *stán*
	II.	*stásch, á, steisch, é*	*steist*
	III.	*stát, á, steit, é*	*steit*
pl. I. III.		*stá, á, stô, stange*	*stán*
	II.	*stát, á, stôt, stanget*	*standet*

Wir sehen, das paradigma zeigt grosse ähnlichkeit mit demjenigen von gehen. *ng* in *stange, stanget* etc. kann durch einen rein lautlichen vorgang aus *nd* oder durch analogie mit gehen entstanden sein.

Der Berner dialekt hat ja die tendenz, *nd* in *ng* zu verwandeln, z. b. *en angere* (ein anderer), *hingere, chinger* etc., in andern gegenden dagegen ist der einfluss von gehen nicht zweifelhaft, z. b. in Basel und St. Gallen (vgl. 4).

2) Der imper.: oschw.: *stand!* pl. *stönd! stönd! stünd! stånd!* (von stantan). In Engishofen (Kt. Thurgau) lautet der pl. *stód!* Dieser dialekt zeigt nämlich die eigentümlichkeit, dass er das *n* der flexion auch dann ausstösst, wenn dasselbe in betonter silbe steht. Wir tragen hier nach, dass demzufolge der pl. von tun: *tód*, von gehen: *gód* lautet. Das gleiche findet bei den später zu behandelnden verben statt, z. b. *mód* (wir müssen), *chód* (wir kommen) etc.

wschw.: *stang! stand! — standet! stanget!*

3) Vom praes. konj. begnügen wir uns die paradigmen anzugeben:

	oschw.:	Zürich:	Appenzell:	Glarus:
sing.	I. III.	*stönd*	*ständ*	*stand*
	II.	*stöndist*	*ständist*	*standisch*
pl. I. II. III.		*stöndid*	*ständid*	*standid*

Sulgen: *stend, stendist* etc.   Nidwalden: *stâji* etc. oder *stand*.

	wschw.:	Seeland:	Emmenthal:
sing.	I. III.	*stangi (stöji)*	*stö(i)*
	II.	*stangisch (stöjisch)*	*stöisch(t)*
pl.	I. III.	*stange (stöje)*	*stöje*
	II.	*stangit (stöjit)*	*stöit*

4) Das praet. konj.

Dieses tempus sollte allgemeinschw. den vokal *üe* haben, statt dessen tritt überall *ie* auf. Den einfluss von *gieng* braucht man in dieser erscheinung nicht gerade zu erblicken (vgl. § 12), wol aber, wenn im St. Galler und Unterwaldner dialekt *ng* für *nd* auftritt: *stieng, stiengist*.

	Zürich:	Beggenried, St. Gallen:	Bosco:
sing. I. III.	*stiend*	*stieng*	*stien(i)* aus *stiend(i)*
II.	*stiendist* etc.	*stiengist* etc.	

Appenzell und oberer Thurgau: *stånd, ståndist* etc. (vgl. § 23 ₄).

Im Basler dialekt kommt *stiend* neben *stieng* vor; dagegen ist *stieng* im bernerischen herschend. Wie im Davos das praet. konj. von gehen *géngi* lautet, so dasjenige von stehen *stêndi*. Im Oberwallis kommt *steiti* vor, welches vom praes. aus schwach gebildet ist.

5) Inf.: *stú, stå, stô, stú;* part. praet.: *g'stande* resp. *g'stange;* in Leuk durch assimilation des *d* an *n: g'stannu*.

B. Verba mit kontraktion.

§ 25. Nachdem wir in den §§ 21—24 verba besprochen haben, deren endungen immer in betonter silbe standen, werden wir in dieser zweiten abteilung eine anzahl von verben zu behandeln haben, die, besonders im praes. ind., der kontraktion anheim fielen; hiebei wurden die flexionssilben zu bestandteilen der betonten silbe, und da dies eintrat, bevor die endungen verfallen waren, d. h. zur zeit als im oschw. z. b. *ent* noch unverändert bestand oder erst zu *end* geworden war, so müssen dieselben mit denjenigen der eigentlich athematischen verba übereinstimmen.

Die kontraktion selbst ist keine eigentümlichkeit der schw. mundarten, wir finden davon schon im ahd. einzelne anfänge (cfr. Braune, ahd. gr. § 368 anm. 4) und in der mhd. periode ist sie sehr verbreitet (vgl. Paul, mhd. gr. §§ 72—74). Ulrich von Zatzikofen (ca. 1200) setzt von den verben haben, lâzen, slagen, sollen, fangen (fåhen) meist die kontrahirten formen. In den von Bächtold herausgegebenen Tristanbruchstücken (13. jahrh.) findet sich *gent* (gebent); bei Konrad von Würzburg (Basel) stösst man auf *went* (wellent), in den historischen volksliedern des 15. jahrh. erleiden auch können und müssen kontraktionen. Vollständig durchgedrungen treffen wir den vorgang bei den schriftstellern des 16. jahrh. Näheres wird bei der besprechung der einzelnen verba beigefügt werden.

Obgleich die kontraktion meist nur das praes. ind., den imper., den inf. und das part. praet. betrifft, so geben wir doch jeweilen auch eine übersicht der übrigen tempora.

§ 26. Das verbum haben.

1) Im oschw. lautet das praes. ind. folgendermassen:

sing. I. hâ, han, hä(n)   pl. händ (Sulgen hand)
     II. häst, hést, hâst
     III. hät, häd, hâd, héd

Im sing. scheint die kontraktion von der II. und III. person ausgegangen zu sein (cfr. Braune, abd. gr. § 368₄). habést und habét wurden wol zu habst, habt́ und, indem das b mit hinterlassung von ersatzdehnung ausfiel, zu hâst, hât (vgl. gibst = gist, gibt = git).

Nachdem die II. und III. sing. den athematischen formen gâst, gât, stâst, stât ähnlich geworden waren, wurden auch die I. sing. und der pl. an gehen und stehen angeglichen: stân = hân, stant = hant.

In den ältern denkmälern ist das a immer lang, z. b. Ulrich von Zatzikofen: ir hânt (Lanz. 1573, 1130), si hânt (939); in der I. pl. ist das t noch nicht angetreten: wir hân (2955) etc. Bei Boner treffen wir die gleichen formen, dagegen ist bei Ruff die quantität des a nicht sicher zu ermitteln, da er sehr ungenau reimt. In den modernen mundarten gieng die länge des vokals verloren. â in der II. und III. sing. erscheint im kanton Zug, im Freiamt und am obern Züriehsee; es ist aber nicht ausgemacht, ob diese länge ursprünglich oder sekundär sei, indem der umlaut eines alten à (= schw. d) wesentlich verschieden ist von dem â in hâst (vgl. strôssli = strässlein, schwôbli = schwäblein etc. Wir haben freilich nicht zu vergessen, dass hâst keinen regelmässigen umlaut hat.

Der unregelmässige umlaut ist eine neuere erscheinung; bei Ruff sind die formen ohne umlaut durchaus herschend, doch muss damals schon der umlaut sporadisch aufgetreten sein; so reimt z. b. V 641 : 42 händ auf änd. Auch in den historischen volksliedern kommt händ hie und da vor. In den Tobler'schen sprachproben von 1656 ist der umlaut ganz durchgedrungen. In den dialekten von Sulgen und Schaffhausen haben sich die unumgelauteten formen bis heute erhalten.

wschw.: Bern: sing. I. *hái*   Davos: *han*
              II. *hésch*   *hést*
             III. *hét*   *hét*
     pl. I. III. *hê, hèi*   *hèin*
           II. *hét, hèit*   *hèit*

Die endungen dieser paradigmen bedürfen keiner erklärung; der stammvokal *ê* entspricht dem oben behandelten *â* in *hâst*. Die formen mit *ei* finden sich nicht nur in Bern und Davos, sondern auch im Baselland, Solothurn und Wallis *(hein, heit, heind)*, ja sogar in einigen gegenden, welche dem oschw. sprachgebiet angehören: Uri *(heint)*, Glarus *(heid)*. Einige wollen in diesen bildungen einen rest des alten verbums eigan erblicken, so nämlich, dass eigan den anlaut dem verbum habên entlehnt hätte. Natürlicher, wenn auch nicht ganz ohne schwierigkeit, ist es, dieselben aus dem Notker'schen habê-ên herzuleiten: *habé-én = habé-j-en = habe-j-en = habjen = hajen = hain = hein*. Dieses letztere findet sich schon in Boner's Edelstein, nicht aber die II. und III. person *heint* (oder *heit*). Dies lässt darauf schliessen, *heit* sei nach analogie von *hein* gebildet worden, und ist ein umstand, der sehr zu ungunsten der erklärung spricht, welche *hein, heit* aus eigan herleitet, denn warum sollte Boner die I. pl., nicht aber die II. und III. von eigan gebildet haben? Mit der von uns angegebenen erklärung steht dies ganz im einklang, denn Notker schreibt in der II. und III. praes. ind. nicht habéét, habéént, sondern habêt, habênt, woraus nie *heit, heint* entstehen konnte (vgl. Weinhold pag. 386).

2) Der imper.:

oschw.: *heb! händ! (hand!) heid!* (Glarus), z. b. *heb, händ rue!* (habe, habet ruhe, sei ruhig!).

wschw.: *häb!* (Wallis, Bern).

3) Das praes. konj.:

	oschw.:	Zürich:	Appenzell:	Sulgen:
sing.	I. III.	*hèi(g), heb*	*héi*	*hei*
	II.	*hèigist, hebist*	*héijist*	*heist*
pl.	I. II. III.	*hèigid, hebid*	*héijid*	*heied*

Schwyz: *hig, higist, higid* etc.

heb, hebist etc. entspricht ahd. habe, habêst etc. Der umlaut trat erst nach Ruff auf: *habist, habind*. Die formen mit *ei* gehen auf Notker'sches habêê, habêêst etc. zurück. Das *g* ist aus *j* entstanden und wurde vom pl. und der II. sing. auch auf die I. und III. sing. übertragen: *hei-j-ist* = *heigist*; *hei-j-ind* = *heigind*, *heigid*; später *heig* für *hei*. Die formen *hig, higist* etc. (Schwyz) sind wahrscheinlich aus *heig* durch den einfluss von *sig, sigist* (praes. konj. von sein) entstanden (cfr. Seeland).

Ähnlich wie in der Oschw. lautet das praes. konj. in der Wschw.:

		Emmenthal:	Seeland:	Davos:
sing.	I. III.	hèi	hig	hèi
	II.	hegist	higisch	hèiist
pl.	I. III.	hege	hige	hèije
	II.	hegit	higit	hèijet

Über die paradigmen des Seelandes und von Davos ist nichts hinzuzufügen; *hege* im Emmenthaler dialekt geht auf *hebegen, hebgen, hegen* zurück, ebenso *hegist* auf *hebegest*; *hegit* auf *hebeget*. Über das *i* in *hig* s. o. und § 21 $_8$.

4) Das praet. konj.

Oschw.: sing. I. *het(ti)* etc., Wschw. und Zentralschw.: *hät(ti)* etc. (vgl. Braune, ahd. gr. § 368 anm. 2).

5) Der inf. lautet *há(n)*; selten mit dem praes. entlehntem umlaut: *hä*.

Das part. praet.: *g'há(n)* (Appenzell: *kchá*, cfr. § 18 anm. 7). In einigen mundarten der südwestlichen Schweiz hat haben ein stark gebildetes part. praet., z. b. Leuk: *g'häbu*, Gombserthal: *g'häbe*, Berner Oberland: *g'häbe(n)*.

Anmerkung. Neben dem verbum *há* kommt das vollere *hebe* vor, meist in der bedeutung von tenere, selten tollere. Oft werden die beiden verba in den gleichen redensarten nebeneinander gebraucht, z. b. *hebed still* und *händ still* (haltet stille). Der impor. sing. lautet von beiden verben: *heb!* Lötsch, Zermatt: *hab!*

§ 27. Das verbum lassen.

1) Die kontraktion im praes. ind. beginnt schon bei Notker (vgl. Braune, ahd. gr. § 351 anm. 2), im mhd. sind die verkürzten formen sehr gebräuchlich; bei Ulrich von Zatzikofen und bei

Boner lautet das praes.: sing. I. *lán*, II. *låst*, III. *låt*, pl. I. *lán*, II. *låt*, *lånt*, III. *lånt*. Die kontraktion selbst mag von der II. sing. ausgegangen sein, die ja grosse ähnlichkeit mit *gåst, ståst* etc. hatte. Am reinsten haben sich die mhd. formen in Unterwalden erhalten: sing. I. *lá*, II. *låst*, III. *låd*, pl. *lånd*.
Gemeinoschw. lautet das praes. ind.:
    sing. I. *lá (låne), ld, ló, lú, lón* (Chur)
         II. *låst, d, ó*
        III. *låt, d, ó (d)*
    pl. *lönd, lond, lünd*,
Von dem glarnerischen *lú, lünd* wurde früher gesprochen. Die trübung des vokals in *lönd* trat nach Ruff ein, bei ihm lautet der pl. immer *land*; dagegen finden wir *lönd* in den Tobler'schen sprachproben, z. b. pag. 35.

Das wschw. hat folgendes praes.:

Emmenthal: sing.	I. *lá*	Seeland: *ld*	Davos: *lán*
	II. *låsch(t)*	*ldsch*	*låst*
	III. *låt*	*ldt*	*låt*
pl. I. III.	*lá*	*ló*	*lén*
	II. *låt*	*låt*	*lét*

é (im dialekt von Davos) für *á* findet sich auch im pl. von schlagen: *schlén, schlét* und steht wahrscheinlich für *ó*.

2) Der imper.: oschw. II. sing. *la! las!* (Notker lâ!); Sulgen: *ló!* Von Unterwalden (Beggenried) und Sempach kommen die formen *lach!* pl. *lachit!* vor, vielleicht nach analogie des imper. von fangen; sonst lautet der pl. gewöhnlich *lönd! lond!* Die form *la!* kommt meist vor konsonantischem anlaut vor: *la mi gá!* so schon bei Boner: *lá mir!* 13 $_{41}$, *lá mich!* 5 $_{10}$, *lá diu* 15 $_{42}$. Die kürzung des *a* wurde durch die energische aussprache herbeigeführt. Im wschw. lautet der imper.: *lasch! låt!* Im Davos: *las! lét!*

3) Während im praes. ind. der sing. durchaus die länge des stammvokals bewahrt hat, ist im praes. konj. meist kürzung eingetreten.

oschw. Zürich: *lös, lösist, lösid.* Sulgen: *läs, läsist, läsed*
    Chur: *les, lesist, lesend.* (Nidwalden: *láji, lájist* etc. u *löi.*)
Der laut des *s* ist merkwürdigerweise in den meisten mundarten der des einfachen spiranten *s*; das *s* in *lösid* wird gleich

gesprochen wie in *lēsed* (lesen). Dieser übergang von ahd. zz resp. z in s ist in unserer mundart nicht vereinzelt, vgl. *ålås* = anlass (ahd. anlâz): ahd. daz (dass) wird meistens *das (das i sell chô)*. Auch bei müssen werden wir später einen ähnlichen fall antreffen. Während die oschw. mundarten das praes. konj. vom stamm laz bilden, ist in den wschw. analogiebildung mit dem praes. ind. eingetreten:

Seeland: *lai (löi), laisch (löisch)*; pl. *lai (löi), lait (löit)*
Emmenthal: *löi (löji), löisch (löjisch)* etc.

Wir sehen, die endungen des konj. sind einfach an den stamm, wie er sich im praes. ind. zeigt *(la, lö)*, angefügt worden. Auch der dialekt von Davos geht hierin mit den wschw. einig: *lêi, lêist, lêi* etc. und in Nidwalden, das ja durch den Brünig mit dem Berner Oberland zusammenhängt, bildet man *löi* und *låji*.

4) Das praet. konj. hat fast überall die regelmässige, redupl. form: *lies, liesisch(t)* etc. In Sulgen jedoch lautet dasselbe: *lås, låsist* (vgl. § 23 ₄), und in Davos wird es schwach vom stamm *lê* (praes. konj. und pl. ind.) gebildet: *lêti, lêtist, lêti* etc., ebenso in Pommatt: *låti* etc., in Beggenried stark und schwach: *liessti*.

5) Inf.: *lån, lå, lå, lô, lû*. In Bosco, wo syllabische endung des inf. beliebt ist und zur vermeidung des hiatus meist w eingeschoben wird, begegnet uns die form *lawen*. Es wurde also hier der durch kontraktion einsilbig gewordene inf. wieder zweisilbig gemacht.

Part. praet. *g'lå, g'lå, g'lô, g'lû*; in verbindung mit einem inf. steht dasselbe ohne *g'*, z. b. *i han-e mache lå* = ich habe ihn machen lassen.

§ 28. Das verbum fangen (ahd. fâhen) ist der kontraktion ebenfalls früh anheimgefallen, völlig herrschend sind jedoch die kontrahirten formen nicht geworden.

1) Das praes. ind. lautet oschw.:

sing.   I.   *få(ne), få(ne), fange*   (Glarus: *fü*)
           II.   *fåst, fåst, fangst*
           III.   *fåt, fåt (d), fangt*
pl. I. II. III.   *fånd, fånd, fanged (end, id)*   (Nidwalden: *fånd*)

Die kontrahirten bildungen gehen auf den inf. fåhen zurück, die andern auf fangan. fåhest wurde zu fåst kontrahirt, fåhet zu fåt etc. Indessen kommen vom inf. fåhen auch noch unkontrahirte formen vor, z. b. in Embrach: sing. I. *få-c*, II. *få-ist*, (III. *fåt*); pl. I. II. III. *få-ed*. Im wschw. überwiegen die kontrahirten formen:

sing. I. *fá, fấ, fange*   II. *fásch, fåsch*   III. *fát, å*
pl. I. III. *fô*   II. *fôt*

Anmerkung 1. Der unterschied zwischen den vollen formen *(fang-)* und den kontrahirten beruht auf dem grammatischen wechsel von g und h. Die kontraktion konnte nur stattfinden, wenn das n schwand, und dies trat nur vor h ein. Es sind deshalb die kontrahirten formen im praes., imper. und inf. berechtigt; wenn wir in diesen tempora formen mit ng finden, so haben wir dieselben als eindringlinge zu taxiren.

2) Der imper.: Im Emmenthal haben sich die alten formen verhältnismässig rein erhalten: sing. *fach!* pl. *fôt!* Bemerkenswert ist besonders die II. sing., in der das auslautende *h* den alten wert bewahrt hat. Der pl. ist dem ind. entnommen. Im oschw. kommt in der II. sing. *fâ! fá!* und *fach!* vor, viel häufiger aber *fang!* Im pl. trifft man neben einander *fanged (end, id), fached, fônd, fänd* und *få-ed*.

3) Das praes. konj. Formen mit und ohne nasal kommen neben einander vor, doch so, dass diejenigen mit *n* überwiegen: oschw. I. *fangi, fåi, fôi, fôji,* II. *fangist, fåist* etc. wschw. I. *fangi, fôji, fáji* etc. *fáji* auch in Nidwalden.

4) Das praet. konj. lautet meistens regelmässig: *fieng, fiengist* etc. Daneben kommt eine schwache form vor: *fåti, fåtist*. Im tosanischen begegnet uns *fieg* mit unregelmässigem schwund des *n*. Eine ähnliche bildung hat die mundart von Kerenz (Gl.): *fiech;* dieselbe ist unter anlehnung an das praes. konj. entstanden, welches *fach* etc. lautet.

Im Davos lautet dieses tempus von fangen, hangen und gehen: *féng, héng, géng*. Diese formen sind, wie schon die quantität des vokals angibt, nicht zu verwechseln mit den von Braune (ahd. gr. § 350 anm. 7) angeführten bildungen. Es geht im dialekt von Davos fast jedes *ie* in *é* über, besonders wenn es vor nasalen steht.

5) **Verbalnomina:** inf.: *fange, fâ, fô, fâ-(e)*; part. praet.: *g'funge, g'fâ, g'föhe* (Appenzell).

Anmerkung 2. Die komposita von fangen ziehen meistens die nasalirten formen vor; so hört man häufiger *âfange, i fange-n-â,* als *âfô, âfâ, i fôn(e-n-)â.*

§ 29. Das ahd. slahan erfuhr die gleichen kontraktionen wie fâhan.

1) Das praes ind. lautet oschw.:

sing. I. *schlâ, â, ô, schlâ, schlage*
II. *schlâst, â, ô*
III. *schlât, â, ô, (d)*
pl. I. II. III. *schlönd, schlünd; schlând* (Nidwalden)
schlage in der I. sing. findet sich namentlich in Unterwalden.

Im pl. wurde der vokal meist gekürzt (Nidwalden ausgenommen) und erlitt ausserdem die bekannte trübung. Diese letztere tritt in den schriften Ruff's noch nicht auf, wol aber begegnet uns in den Tobler'schen sprachproben pag. 35 die form *schlöd,* wahrscheinlich fehlerhaft für *schlönd,* da das *n* in ähnlichen bildungen in dem betreffenden stücke (III, 1656) nicht fehlt: *lönd* pag. 35, *wänd* pag. 33, *händ* pag. 34, *nähnd* pag. 35.

In den wschw. mundarten hat der vokal seine länge auch im pl. bewahrt.

	Bern:	Basel:	Davos:
sing. I.	*schlâ, â*	*schlô*	*schlân*
II.	*schlâsch, â*	*schlôsch*	*schlâst*
III.	*schlât, â*	*schlôt*	*schlât*
pl. I. III.	*schlâ, ô*	*schlô*	*schlén*
II.	*schlât, ô*	*schlôt*	*schlét*

2) Der imper.: Die II. sing. wird gewöhnlich mit *g* gebildet: *schlag!* selten *schlach!* pl. *schlönd! schlünd! schlond! schlând!* etc. Davos: *schlag! schlét!*

3) Das praes. konj. wird in der Oschw., Glarus ausgenommen, vom stamm schlag- gebildet: Sulgen: *schlag(i), schlagist;* Trogen: *schläg(i), schlägist;* im zürcherischen tritt das durch umlaut aus jenem nach *o* hinneigenden *a* entstandene *ö* ein: *schlög, schlögist* etc.

Im Glarner dialekt ist dieses tempus von *schlah-* gebildet; das *h* gieng im auslaut (I. III. sing.) in *ch* über und wurde auch auf die II. sing. und den pl. übertragen: *schlach(i), schlachist, schlach, schlachid.* Bei den westl. mundarten kann man sich fragen, ob das praes. konj. von *schlah-* aus oder vom stamm des praes. ind. gebildet worden sei: sing. I. *schla-i, schlö-i;* II. *schla-isch. schlö-isch;* pl. *schla-i, schlöi, schlöje* etc. Ähnlich in Nidwalden: *schláji.* Basel: *schlöü, schlei* etc. Davos: *schléi, schléist* etc.

4) Das praet. konj. hat die regelmässige gestalt im dialekt von Chur bewahrt: *schlüeg, schlüegist* etc. Sonst tritt statt des *üe* meist *ie* ein (vgl. § 12), also *schlieg(i);* in Basel kommt neben *schlieg* noch *schlieng* vor, vielleicht nach analogie von *gieng, stieng, fieng.* Aus dem kanton Glarus wurden uns formen wie *schliech* und *schläg* mitgeteilt; die letztere hat einen unregelmässigen ablaut, die erstere hat das *ch* aus dem praes. konj. herübergenommen. In Pommatt wurde dieses tempus vom praes. konj. aus *(schláji, schläjist* etc.) schwach gebildet: *schláti.*

5) Inf.: *schlâ, schlấ, schlü;* part. praet.: *g'schlage.*

§ 30. An die verba fangen (fàhen) und schlagen (slahen) schliessen sich an: fliehen, ziehen, sehen, geschehen, (flehen), blühen, glühen u. a.

Schon im mhd. fiel das intervokalische h oft aus, wenn der vorhergehende vokal lang war, so finden wir häufig inf. wie vlên. zien, flien etc. Im nschw. fällt intervokalisches h in der regel aus. Eine ausnahme machen die dialekte von Chur, Appenzell, Sulgen, Unterwalden.

Bei den meisten der oben angeführten verba ist die kontraktion nur im sing. völlig durchgedrungen, im pl. stehen gewöhnlich die regelmässigen bildungen neben den kontrahirten. Bei den unkontrahirten formen wird der vokal des stammes mit dem *e* der flexionssilbe zu einem diphthongen zusammengezogen: doch ist ein deutlicher unterschied zwischen dem *üe* in: *er blüet* (wo das *üe* wirklicher diphthong ist) und in: *si blü-ed* wahrzunehmen, ebenso in *ziet* und *zi-ed, fliet > fli-ed, glüet > glü-ed*, indem das *ed, et* in den zweiten formen als endung gesprochen wird. Wir werden diese vokalgruppen mit *ûe, ie* bezeichnen.

§ 31. 1) Die verben ziehen und fliehen werden ganz ähnlich konjugirt. Die kontrahirten formen sind fast ausschliesslich im gebrauch, also z. b. im pl. meistens *ziend*, selten *ziėd*.

Wie schon angedeutet, machen die mundarten von Chur und Appenzell eine ausnahme:

Chur: *zühe, zühist, züht, zühend*
Trogen: *züche, züchst, zücht, züchid*

Der laut des *h* im Churer paradigma ist der eines weichen *ch*; das *ch* im paradigma von Trogen ist das gemeinschw. Man beachte ferner, dass diese beiden mundarten das ahd. iu (resp. io) anders behandeln als die übrigen schw. dialekte.

2) Der imper. lautet: *zie! zich!* (Nidwalden) — *ziend! zied!* In Appenzell, St. Gallen und Chur: *züch, züchid, zühend!*

3) Über das praes. konj. ist nichts besonderes zu bemerken; es lautet je nach dem dialekt: *zie-i, zie-ist* etc. oder *züch(i), züchist* u. s. w. In einigen mundarten wird zwischen dem diphthongen des stammes und dem flexionsvokal ein *j* eingeschoben, besonders in den Berner und Basler dialekten. Auf oschw. gebiete tritt dieses *j* in den kantonen Zug, Luzern und Schwyz auf.

4) Das praet. konj. des Emmenthaler dialekts hat den ablaut und den grammatischen wechsel bewahrt: *zug, zugisch(t)* u. s. w. In Nidwalden treffen wir neben einander: *zug, züch* und *zicti*. Die meisten übrigen mundarten dagegen bilden dieses tempus schwach: *zieti, zietist* resp. *züchti, züchtist* etc.

5) Der inf. lautet: *zie, zühe, züche.*
Das part. praet. *zoge* aus *g'zoge.*

Anmerkung 1. Wie ziehen geht im allgemeinen auch fliehen. Im Emmenthaler dialekt jedoch wird das praet. konj. nur schwach gebildet, in Nidwalden kommt nur *flüch* vor. Das part. praet. lautet bald *g'flöe, g'fläe,* bald *g'floche* (Nidwalden).

Anmerkung 2. Das part. praet. von fliehen wird häufig durch dasjenige von sich *flüchte* (flüchten) ersetzt.

§ 32. Das verbum sehen.
1) Das praes. ind. oschw.:

Zürich: sing. I. *g'sé(ne)* II. *g'sést* III. *g'sét* pl. *g'sénd*
Glarus: *g'sie* *g'siest* *g'siet* *g'sënd*

Trogen: sing. I. *(g')sien*   II. *(g')siest*   III. *(g')sied*   pl. *(g')siend*
Sulgen: *sëch*   *sëchst*   *sëcht*   *sëched*
Beggenried: *séhe*   *sést*   *sét*   *sénd*
Chur: *g'sëhe*   *g'siest*   *g'siet*   *g'sëhend*

Das proklitische *g'* ist in den meisten dialekten so eng mit dem stamm verbunden wie z. b. in gönnen oder wie be- in erbarmen; in den mundarten von Sulgen und Beggenried fehlt es jedoch und im appenzellerischen ist es fakultativ.

Im stamm erwarten wir den vokal *ë*, dieser findet sich jedoch nur im paradigma von Sulgen in allen personen, ferner im pl. des Glarner und in der I. sing. und im pl. des Churer paradigmas; sonst treffen wir entweder *ie* oder *é*. Der diphthong *ie* wird uns nicht befremden, wenn wir die Notker'schen formen zum vergleich heranziehen (cfr. Braune, ahd. gr. § 154 anm. 7 a).

Auch der übergang von *ë* zu *é* ist dem einfluss des *h* zuzuschreiben; es findet sich mehrfach in unserm dialekt, dass *ë* resp. *i*, das ursprünglich vor *h* stand, in *é* übergeht, z. b. in Embrach: *fé* (fihu), dagegen in Andelfingen: *fëch*; ebenso gibt zehende: *zénte* (vgl. auch den eigennamen *Zehnder*), während daneben von taîhun *zé* gebildet wird. Auf gleiche weise ergibt nun sihu: *sé* und giskihit: *g'schét* (cfr. § 32).

Auch in den wschw. mundarten ist der vokal von sehen meist *é*:

Bern: *g'sé, g'sésch, g'sét*; pl. *g'sé, g'sét.*
Basel: *g'sé* (in der stadt auch *si, sich), gsésch (sisch)* etc.
Davos: *g'sén, g'siescht, g'siet; g'sén, g'sét.*

2) Der imper. von sehen fehlt; derselbe wird durch die entsprechenden formen von *luege* ersetzt; nur aus Unterbäch (Wallis) ist uns die form *g'sich!* bekannt.

3) Im praes. konj. tritt das *h* als *ch (h)* wieder auf, auch hat der stammvokal den regelmässigen laut eines offenen *ë*:

oschw.:	Zürich:	Chur:	Sulgen:
sing. I. III.	*g'sëch*	*g'sëhi*	*sëch*
II.	*g'sëchist*	*g'sëhist*	*sëchist*
pl. I. II. III.	*g'sëchid*	*g'sëhend*	*sëched*

In Nidwalden und in der Wschw. ist das *h (ch)* auch hier geschwunden:

Nidwalden: *g'séji, g'séist* etc.   Bern: *g'séi, g'séisch* etc.
Basel: *g'séi, g'séisch* etc.   Davos: *g'séi, g'séist* etc.

Diese mundarten scheinen auch hier das praes. konj. vom stamm des praes. ind. gebildet zu haben.

4) Das praet. konj. hat das h in der regel bewahrt, bald als *ch*, bald als *h* (Beggenried). Der stammvokal lautet, ahd. â entsprechend, *â: gsâch;* über dessen aussprache cfr. vorbemerkung 4. Im Berner Oberland tritt für *â ie* auf, das sich ja auch im praet. konj. anderer verben eingeschmuggelt hat.

5) Der inf. lautet: *g'sé, g'sie, sie, sëhe* (Beggenried). Derselbe wird nur in einzelnen redensarten gebraucht, z. b. *i will gern g'sé* etc., sonst tritt gewöhnlich *luege* an seine stelle.

Das part. praet. lautet gleich dem inf.: *g'sé, g'sëhe* etc.

Anmerkung. Bei Ruff ist die kontraktion beim verbum sehen noch nicht gạnz durchgedrungen. Die II. und III. sing. haben regelmässig *i;* ob dies aber volkstümlich gewesen sei, ist fraglich. Das proklitische g' tritt nicht konsequent auf. (V 225 *ich gsen,* V 49 *er sicht,* E. II. 579 *ir sehend,* V 466 *sehend! g(e)sehen* V 44, 170 etc.).

§ 33. Das verbum geschehen stimmt in seiner konjugation mit sehen überein. Das praes. ind. lautet demzufolge bald *g'schét; g'schénd* oder *g'schënd,* bald *g'schiet, g'schiend; g'schëched, g'schëhend* etc. (Über die vokale des stammes vgl. § 32.)

Das praes. konj. lautet: sing. *g'schëch(i),* wschw. *g'schëi;* pl. *g'schëchid, g'schëched, g'schëhend;* wschw. und nidw. *g'schëije* (wiederum vom praes. ind. aus gebildet).

Das praet. konj.: sing. *g'schâch(i)* (ahd. giscâhi); pl. *g'schâchid* resp. *g'schâched, g'schâhe* etc.

Inf.: *g'schè, g'schie, g'schëhe(n);* ebenso das part. praet.

Anmerkung. Bei Ruff kommen meistens die unkontrahirten formen vor, selten die andern, z. h. *beschen* im reime zu *g'sen*.

§ 34. Das verbum flehen *(flëe)* ist im schw. nicht sehr gebräuchlich und ohne zweifel erst durch die schule in die sprache aufgenommen worden. Die kontrahirten und vollen formen kommen nebeneinander vor: praes. ind. *flêe (flêne), flêst* und *flêist, flêt* und *flê-et; flê-ed*, selten *flênd*.

Das praes. konj. lautet: *flêi* oder *flêji*.

Das praet. konj.: *flêti* oder *flê-eti*.

Inf.: *flêe;* part. praet.: *g'flê-et*.

§ 35. Merkwürdigerweise fällt auch die interjektion got. sái, ahd. sê in den bereich unserer untersuchung. Dieselbe erscheint im schw. unter zwei formen, mit langem vokal, entsprechend dem ahd. sê, in der bedeutung von nun! oder mit kurzem, offenem vokal, imperativisch gebraucht: *sè*. Dieser verwendung ist die kürzung des vokals zuzuschreiben, denn im imper. tritt, in folge der energischen aussprache, leicht kurzer vokal an stelle des langen: *du lást*, aber *las!* Grössere bedenken erregt der umstand, dass das e offen gesprochen wird, wie z. b. in franz. perte. Wollte man die fragliche form von sëhen ableiten, so würde man auf eine ganz ähnliche schwierigkeit stossen, denn dieses *è* ist durchaus verschieden von schw. *ĕ*.

Diese imperativische verwendung scheint ziemlich alt zu sein; schon im Ring von Wittenweiler finden wir pag. 147: *se den Pernèr!* = nimm hin! Wie man zu *tue! flie! zie!* die pl. *tüend! fliend! ziend!* bildet, so hier von diesem *sè!* den pl. *sènd!* z. b. Usteri: *send, Lisebeth, mached e frisches*. Im bernerischen lautet der pl. entsprechend: *sèt!* Es haben diese bildungen einige ähnlichkeit mit got. hiri! hirjats! hirjith! und mit dem in der bedeutung von ἔστω vorkommenden sai.

Ganz ähnlich wie dieses *sè! sènd!* verhalten sich auch die formen *hèst* und *hènd!* in redensarten wie: *hèst es gât nûd* (siehe, es geht nicht), *hènd-er so stâts* (sehet, so steht es). Nach einer behauptung, androhung u. s. f. gilt langer vokal, *ê: ich säg-es-em vater, hêst! so tribt-ers, hênd-er!* Beim ersten blick möchte man versucht sein, diese bildungen vom verbum haben abzuleiten; dagegen spricht jedoch der umstand, dass der vokal immer geschlossen ist, auch in denjenigen mundarten, welche *häst* und *händ* mit offenem breitem *ä* bilden. Wir werden diese formen vielmehr mit der interjektion *hê!* in beziehung setzen müssen; von *hê!* (nun!) bildete man die II. sing. und die II. pl. nach analogie von *tue!* > *tuest, tüend*.

§ 36. Vokalisch auslautende stämme.
1) blühen (ahd. bluoan), glühen (ahd. gluoen), -mühen (ahd. muoen), brühen, verfrühen (zu ahd. fruo) und einige seltener vorkommende verben, z. b. trüen haben im pl. die regelmässigen formen meistens bewahrt, ohne dass jedoch die kontrahirten formen ganz ausgeschlossen wären, z. b. *päum blüend* neben *blâ-ed* (die bäume blühen), im sing. ist die kontraktion das gewöhnliche: *blüet*, selten *blâ-et*.

Nach dem *ü* tritt gerne *j* auf: *blüe-j-ed;* besonders im praes. konj.: *blüe-j-i, blüe-j-ist* etc.

Das praet. konj. wird mit kontraktion gebildet: *blüeti, blüetist*.

Inf.: *blûe, glûe, almûe, brûe* resp. *blüje, glüje* etc.; part. praet.: *plüet, g'glüet, abg'müet, prüet* etc., selten *plâ-et, g'glâ-et* etc.

2) Gar keine kontraktion findet statt, nach den uns zugegangenen mitteilungen, bei den verba pura mit dem stammvokal a (ä): *trâ-e* resp. *trâje* (ahd. drâen), *chrâ-e, chrâje* (krâen), *mâ-e, mâje* (mâen), *nâ-e, nâje* (nâen), *wâ-e, wâje* (wâen) etc. (vgl. § 18 a), z. b. praes. I. *sâ-e (sâje)*, II. *sâist (sâjist)* etc.

Praes. konj.: *sâi (sâji); sâist (sâjist)* etc.

Praet. konj.: *sâ-eti (sâjeti, sâti)* etc.

Part. praet.: *g'sâ-et (g'sâjet)*.

Anmerkung. Wie schon früher bemerkt, tritt in Fischenthal (Zürich) für *âj éi* auf: *séie* etc.

§ 37. Geben, dessen sing. § 19 schon besprochen wurde, hat auch im pl. des praes., im inf. und part. praet. kontraktion erlitten. Schon in dem von Bächtold veröffentlichten Zürcher Tristanfragment findet sich (4758) *gent* = gebent; im späteren mhd. sind zusammenziehungen nicht selten; bei Boner treffen wir *gënt* neben *gëben* (40 $_{40}$ > 41 $_{68}$). Bei Ruff überwiegen die kontrahirten formen bei weitem, z. b. V 306 *gend!* V 376 *si gend*, V 525 *wir gend*, V 91 inf. *gen*, V 87 part. *gen*. Wenn daneben in reimen (besonders auf leben) inf. und part. *geben* lauten, so wird uns dies nicht hindern anzunehmen, dass schon damals beim volk die kontrahirten formen durchaus herschend gewesen seien;

in der tat war ja durch den sing. *gist, git* der kontraktion sehr grosser vorschub geleistet.

Während in den meisten oschw. dialekten das praes. ind. *gibe, gist, git, gënd (gênd)* lautet, ist in Sulgen und Trogen das *i* in *e* übergegangen, das sich hierauf auch dem pl. mitgeteilt hat: *gëb(e), gést, gét,* pl. *génd.* In einigen gegenden der kantone St. Gallen und Thurgau lautet der pl. *gand,* wahrscheinlich nach analogie mit *hand, land, gand, stand.* Bern: *gibe, gist, git,* pl. *gê, gét.*

2) Der imper. lautet: *gib! (gëb!) — gënd! (génd!)* Bernerisch: *gib! — gét!* Baslerisch: *gib! — gäbed! gät!*

3) Das praes. konj.: *gëb(i), gëbis(t)* etc.

4) Das praet. konj.: *gâb, gâbis(t)* etc.

5) Inf.: *gê, gé.* Part. praet.: *g'gê, g'gé, gigā* (Lötsch), *g'gäbu* (Wallis). In Rima ist das part. vom inf. aus schwach gebildet worden: *g'gâd.*

§ 38. 1) Beim verbum nehmen gieng die kontraktion vom pl. aus und beruht dort auf der wirkung der assimilation. Nur im Appenzeller dialekt ist dieselbe auch in den sing. eingedrungen: sing. I. *neme,* II. *nêst,* III. *nêd,* pl. I. II. III. *nênd.* Die dehnung des vokals und der schwund des *m* in sing. II. und III. fanden wahrscheinlich durch analogie mit andern verben statt, denn in dem lautlichen vorgang sind sie nicht begründet.

In den übrigen mundarten erleidet höchstens das *m* des stammes vor den dentalen der endung eine veränderung, z. b. Glarus: sing. I. *nime,* II. *ninst,* III. *nint;* Sulgen: *ném, nénst, nént,* dagegen Zürich: *nime, nimst (nimpst), nimt (nimpt).* Im pl. sind meist die vollen formen herschend: *nëmed (id, end);* nur im Glarnerland und im kanton Appenzell sind die kontrahirten die gewöhnlichen: *nënd, nénd.* Das wschw. hat im pl. I. III. *nëme,* II. *nëmet* (Basel: *nëmed),* ebenso der dialekt von Davos: *nëme(n), nëmet.*

Anmerkung. Bei Boner finden wir 52 $_{87}$ nement zu *nemt* kontrahirt. Ruff schreibt im pl. gewöhnlich *nënd* E. H. 1091, 1843 etc., doch kommen auch volle formen vor: wir *nemend* E. H. 627, *nëmend* E. H. 4.

2) Der imper.: *nim! (nëm!) — nënd! nénd! nëmed!* bernerisch: *nêt!*

3) Das praes. konj. wird regelmässig gebildet: *nëm, nëmist,* pl. *nëmid (nēmend, nëmed);* bernerisch: I. III. *nëme,* II. *nëmet.*

4) Das praet. konj. ist ebenfalls regelmässig: sing. I. III. *nâm* (ahd. nâmi), II. *nâmist,* pl. *nâmid (ed, end, e* etc.). Seltener ist das aus starker und schwacher form gemischte *nâmti.* In Pommatt wird dieses tempus vom praes. aus gebildet: *nimti.*

5) Kontrahirte formen sind auch der inf. *nê* und das part. praet. *g'nü, g'nô, g'nâ.* Ruff schreibt das part. bald mit *a: vernan* V 625, *gnan* E. H. 10, bald mit *o: gnon* (ad lectorem 10), *vernon* V 428, bald unverkürzt: *vernommen* V 299, *g'nummen* V 629 etc.

§ 39. Das verbum kommen weist nur in wenigen dialekten kontrahirte formen auf, z. b. in der Appenzeller mundart: sing. I. *chome,* II. *châst,* III. *chäd,* pl. *chônd.* Die kontraktion begann im pl.; *châst* und *chäd* wurden durch analogie gebildet. Zu bemerken ist, dass, während die mehrzahl der mundarten das verbum können kontrahiren und kommen zur unterscheidung regelmässig bilden, die Appenzeller mundart gerade umgekehrt verfährt (cfr. § 43).

Bei Ruff finden sich nur wenige spuren von kontraktion, V 255: *wenn wir ein frieden überkonnt.* E. H. 2819: *könd!* = kommt!

In den meisten dialekten ist der stammvokal des sing. *u,* selten *o;* diese vokale sind aus dem ahd. i durch den einfluss des vorhergehenden w entstanden. — Das *m* des stammes geht vor den dentalen der endungen in *n* über: *chunst, chunt;* das *t* seinerseits schwächt sich in mehreren mundarten nach dem *n* zu *d* ab: *(chund).* — In *chust, chuust, chuist* (Nidwalden) (Stalder pag. 170) wurde das *u* vor *s* vokalisirt, oder besser es nasalisirte den vorhergehenden vokal und verschwand; der vokal seinerseits wurde gedehnt oder diphthongirte.

Verkürzte form haben der inf. und das part. praet.: *chô, chü, choa* (Pommatt). Dass das part. ohne *g'* gebildet wird, haben wir schon früher gesehen.

Das praes. und praet. konj. werden regelmässig gebildet: *chöm (chäm); châm(i),* selten *chiem, châmti, chiemti.*

Schliesslich fallen noch das verbum wollen und die praeteritopraesentia sollen, können, müssen, mögen in den bereich unserer untersuchung.

§ 40. Das verbum wollen.

1) Von den spätahd. formen des praes. ind.: wil, wilt, wil sind nur die I. und III. häufig im gebrauch, während die II. in vielen dialekten auf die fragesätze beschränkt ist oder fehlt. In Basel lautet der sing. I. *will*, II *witt*, III. *will*.

witt ist durch assimilation aus *wilt* entstanden; ähnliche formen finden wir im Berner Seeland: *wiuw*, *witt*, *wiuw* (der übergang von ll zu einem laut, den wir am besten mit *uw* bezeichnen, ist eine eigentümlichkeit des bernerischen); Zürich: *witt gâ?* willst du gehen? In den meisten dialekten sind diese formen durch I. *wott*, II. *wotsch(t)*, III. *wott* verdrängt. In diesen haben wir ohne zweifel die alten praeteritalformen zu erblicken: wolta = wolt = *wott*. Es liegt also hier ein neues praet.-praes. vor.

Anmerkung. Bei Ruff kommen in der I. und III. person *will* und *wott* neben einander vor (vgl. V 42, 58, 101, E. H. 360, 782, 928. — 386, 538, 1640, 3276), die II. lautet gewöhnlich *witt* E. H. 738, *wilt* V 5, 36 etc.

Im pl. haben die oschw. mundarten *wend*, bald mit offenem, bald mit geschlossenem *e*. Der Appenzeller dialekt hat *wônd* durch angleichung an *gônd*, *mônd*, *stônd*. Das glarnerische *wèid* ist uns rätselhaft. Entweder ist es analogiebildung nach *hèid* (haben) oder dann ist der nasal, obgleich vor einer explos. stehend, behandelt worden wie in fenster = *fèister* etc. Man beachte, dass in dieser mundart auch *allmèid* = allmende vorkommt, wobei freilich nicht zu vergessen ist, dass sich hier das alte *ei* von allmeind erhalten haben könnte.

Die kontraktion von *wellen* zu *wen* und von *wellent* zu *went* findet sich schon bei Boner: 25 $_{44}$, 4 $_{32}$, 23 $_{17}$, 52 $_{41}$ etc. Die Berner mundarten bildeten von wen die I. und III. pl. *wé* und darnach die II. *wét*. Neben diesen kommen auch formen mit *èi* vor; ebenso baslerisch: *wai* neben *wän(d)*. Altertümliche formen hat das Wallis (Lötsch): sing. I. III. *wil*, II. *wilt*, pl. I. *wellen*, II. *weld*, III. *welnd*, und das Davos im pl. I. III. *welle(n)*, II. *wellet*.

2) Das praes. konj. oschw.: *well, wellist* etc.; bernerisch: *weuw(i), weuwist* etc.

3) Das praet. konj. lautet im Wallis *welti, weltist, welti* etc., was in den meisten mundarten zu *wett(i), wettist* etc. wurde. Im obern Aargau ist der stammvokal noch reiner erhalten: *wött*. Bei Ruff finden wir meist schon die allgemeinen nschw. formen V 323, E. H. 3620, 3309, 3311 etc., seltener *welt* V 342), Boner dagegen hat *wölt* 3_{42}, 11_{15}, *wölte* $11_{26, 29}$, *wöldist* 12_8, *wollti* 15_{48} etc.

4) Der inf. lautet *welle* resp. *weuwe*, ebenso das part.

§ 41. 1) Das verbum sollen hat sein praes. ind. meist verloren oder dasselbe fiel mit dem praes. konj. zusammen. Nur im Berner, Davoser und Unterwaldner dialekt kommt es noch deutlich vor, im ersteren jedoch nur der pl.: Unterwalden: sing. I. III. *soll*, II. *sollst*, pl. *sellid*. Bern: pl. I. III. *sö (sü, söuw),* II. *söt (süt, söuwt)*. Davos: sing. I. III. *soll*, II. *sott* (aus *solt)*, pl. I. III. *sölle*, II. *sölt*.

Bei Ruff lautet das praes. sing. I. III. *sol*, II. *solt*, pl. *sond*. Der pl. *sond* gieng im nschw. ganz verloren, obgleich er sich in denkmälern aus dem späten mittelalter sehr häufig findet. Die kontraktion von sulen zu suln ist im mhd. regel und auch das l scheint früh gefallen zu sein, so schon in einem allem. stück der spätahd. periode, dem memento mori (Braune, lesebuch pag. 149 zeile 7: *sund*). Bei Boner ist das *l* meistens geschwunden, z. b. *sunt* 11_{37}, *sun* 32_{98}, doch kommen daneben auch noch *sülnt* 57_{44}, *süllen* 48_{77} etc. vor.

Anmerkung 1. Die sprache scheint das bedürfnis zu haben, das verloren gegangene praes. wieder zu ersetzen, und so treten in vielen dialekten folgende formen auf: I. *sott*, II. *sottst*, III. *sott* (pl. *sotted)*. Sind dies die reste des praet. ind. oder analogiebildungen nach *wott, wottst?* Wir finden diese formen spurweise auch bei Ruff: E. H. 3421 er *sott : gott*; auch die II. person hat *sott* E. H. 2559; dies könnte jedoch die alte praesensform sein.

Anmerkung 2. *sott, sottst* etc. treten sehr häufig in der rolle des praet. konj. auf.

2) Das praes. konj. lautet allgemein *söll, söllist* oder *sell, sellist* etc.; bernerisch: *söuw, söuwisch* etc.; in Pommatt: *sill(i)*,

sillist etc., dem das i in der endung den stammvokal an sich assimilirt hat. (Ganz so kommt *migi* für *megi* vor).

3) Das praet. konj. lautet bei Boner und Ruff: *sölt (solt), söltist*, pl. *solten* resp. *söltind*, daraus wurde nschw. *sött(i), söttist* etc. oder *selt, settist* etc. (die formen mit *ö* hauptsächlich in den Berner, Appenzeller und Churer mundarten). Im Wallis hat sich das l noch erhalten: *selt, seltist;* ebenso in Pommatt und Bosco.

4) Inf. und part. praet.: *selle (sölle, söuwe).*

§ 42. Das verbum müssen.

1) Die wschw. mundarten haben meistens die vollen formen; in Basel jedoch lautet der pl. sowol *mien(d)* als *miese.* Im oschw. (Chur ausgenommen) sind die kontrahirten formen regel:

	Zürich:	Sulgen:
sing. I. III.	*mues*	*muo*
II.	*muest*	*muost*
pl. I. II. III.	*müend* (Beggenried: *miend*)	*mond* (Engish. *môd*)

Über die vereinfachung des ss (ahd. zz oder z) wurde früher § 27 ₈ gesprochen. Im tosanischen hat das s den alten wert bewahrt. — Im dialekt von Sulgen wird müssen ganz nach tun konjugirt; nur durch diese beeinflussung ist der abfall des *s* in der I. und III. sing. begreiflich. Die analogie gieng natürlich von der II. sing. aus: *tuost : muost; tuo : muo; tuond : muond.* — Wie beim verbum tun kennt die Appenzeller mundart auch bei müssen keine diphthongen: *mos, most, mos,* pl. *mönd.* Auffällig ist sowol bei *tost, to* als auch bei *most, mos* die kürze des vokals, da diese mundart sonst in verwandten formen eine vorliebe für lange vokale zeigt *(gônd, schlônd, lônd, chônd* [kommen] etc.).

Anmerkung. Bei Ruff lautet der pl. meistens *müessend,* selten *müend,* z. b. V 54, E. H. 2517, 249.

2) Das praes. konj. lautet: *mües(si), mües(s)ist* etc. resp. *miessi, miessist* etc. *ss* kommt hauptsächlich im Berner, Unterwaldner und Churer dialekt vor.

Der dialekt des kantons Appenzell hat dem praes. ind. gemäss: *mös, mösist; mös,* pl. *mösid;* in Sulgen hat auch hier angleichung an tun stattgefunden: sing. I. III. *müöi,* II. *müöist,* pl. *müöed* (cfr. § 22 ₃). Neben *müöed* im pl. tritt die eigentümliche form *müöned* auf. Das *n* scheint eingeschoben worden zu sein, um den harten hiatus zu beseitigen.

3) Das praet. konj. lautet: *müest(i)*, *müestist* resp. *möst*, *möstist* etc. oder *miest*, *miestist* etc.

4) Inf. und part. praet.: *müese, müesse, miese, miesse, möse.*

§ 43. 1) Beim verbum können konnte die kontraktion im pl. sehr leicht eintreten: der flexionsvokal fiel aus und die beiden *n* wurden zusammengezogen. Indessen sind die kontrahirten formen nicht absolut herschend geworden; in Chur und Appenzell kommen sie gar nicht vor. Die oschw. paradigmen lauten:

	Zürich:	Glarus:	Chur:
sing. I. III.	*cha(n)*	*chú*	*kan*
II.	*chast*	*chust*	*kanst*
pl. I. II. III.	*chönd, chöned*	*chänd*	*könnend*

In der I. und III. sing. ist im allgemeinen der vokal lang, wenn er auslautend ist, kurz, wenn das *n* gesprochen wird.

Die II. sing. ist an die I. und III. angeglichen worden nach analogie von *gâ : gâst, stâ : stâst* etc. Das *a* ist meistens kurz, doch kommt im zürcherischen bezirk Dielsdorf gewöhnlich *châst* vor (wol nach *gâst, stâst*).

	wschw.:	Bern:	Basel:
sing. I. III.	*chu*		*cha, ka*
II.	*châsch* (Emmenthal *chaust*)		*chans(t), chausch, châsch*
pl. I. III.	*chô*		*chönne, chenne*
II.	*chôt*		*chönned, chenned*

chaust in der II. sing. kann man von alten leuten auch im Zürcher dialekt hören. Vor spiranten nasalirt das *n* im schw. gerne den vorhergehenden vokal und schwindet hierauf; der vokal diphthongirt bei diesem vorgang meistens oder wird gedehnt: tanse = *tause*, hanf = *hauf*, brunst = *broust*, kunst = *choust*, münster = *meuster*, wünschen = *weusche*, zins = *zeis (zis)*, uns = *eus (ûs)* etc. (vgl. Staub: Die vokalis. des n bei den Alemannen der Schweiz).

Im baslerischen finden wir in der II. sing. die gedehnte und die diphthongirte form: *châst, chaust*.

Der pl. *chṍ* ist aus chönnen entstanden, *chṍt* ist daran angeglichen.

Anmerkung. Im dialekt von Bosco hat sich das n überall erhalten: *chan, chanst, — chunnu, chunned, chunnund*. In Rima ist der praeteritale charakter im sing. ganz aufgegeben: I. *chonnen*, II. *chonst*, III. *chond*.

2) Das praes. konj. wird regelmässig gebildet: *chön, chönnist* oder *chän, chännist* (Glarus) oder *chen, chennisch* (Basel) etc.

3) Das praet. konj.: *chönti, (chänti, chenti); chünt* (Sargans).

4) Inf. und part. praet.: *chöne, chünne, chenne;* Sargans: *chünne*.

Bei Ruff kommt mehrmals ein part. vor, bei dem sich aus un nd entwickelt hat (wie in *ze tuende): künden* E. H. 725, *könden* E. H. 1017; dieses findet sich jetzt noch im kanton Schaffhausen: *chünde*.

§ 44. Das verbum mögen ist von der kontraktion nicht allgemein erfasst worden. Im bernerischen kommt der pl. *mô, môt, mô* vor; im oschw. überwiegen die regelmässigen formen; nur in wenigen gegenden hört man bildungen wie *mönd* und *mônd* (Appenzell), in anderen kommen dieselben nur noch in gewissen redensarten vor, wie z. b.: *mer händ's und vermönd's*.

CURRICULUM VITAE.

Ich, Jakob Bosshart, wurde geboren in Stürzikon bei Embrach (Zürich) den 7. august 1862. Ich besuchte die alltagschule in Unterwagenburg, die sekundarschule in Bassersdorf und wurde im frühjahr 1878 ins zürcherische lehrerseminar zu Küsnacht aufgenommen. Nachdem ich im april 1882 die fähigkeitsprüfung als primarlehrer mit erfolg bestanden hatte, übernahm ich eine lehrstelle im Dr. Bender'schen erziehungsinstitut in Weinheim (Baden), wo ich bis ostern 1885 wirkte und von wo aus ich im schuljahr 1884/5 die universität Heidelberg besuchte. Im frühjahr 1885 liess ich mich an der zürcherischen hochschule immatrikuliren, um germanische und romanische philologie zu studiren; begab mich im august 1886 nach Paris, wo ich mich hauptsächlich romanischen studien hingab und kehrte im april l. j. nach Zürich zurück, um mich auf die diplomprüfung fürs höhere lehramt vorzubereiten, die ich denn auch zu anfang des wintersemesters 1887/8 in den fächern deutsch und französisch bestund.

In meinen studien habe ich mich hauptsächlich der leitung folgender herren professoren anvertraut: Heidelberg: Bartsch, Kuno Fischer, Osthoff; Zürich: J. Baechtold, H. Breitinger. H. Schweizer-Sidler, L. Tobler, J. Ulrich; Paris: A. Darmesteter, L. Gautier, Gast. Paris, Paul Meyer etc. Ich spreche allen diesen verehrten lehrern für die vielseitige belehrung und anregung meinen tiefsten dank aus.